日本史に学ぶ
成功者たちの勉強法

The study techniques of Historic Japanese figures

加《か》来《く》耕《こう》三《ぞう》

Kouzou Kaku

CROSSMEDIA PUBLISHING

はじめに

難関突破《ブレークスルー》して、未来を楽しむ方法

「叩けよ、さらば開かれん」（「マタイによる福音書」第七章）

これは新約聖書の一節ですが、歴史上に活躍した人々は例外なく、懸命に先人から学ぼうと、時代の〝扉〟をノックしていました。

歴史上の人物、〝師〟と呼べる先生、父や先輩など——。

時の流れは、決して不幸、マイナスのことばかりではなく、その半面に幸福、プラスのことが同じ量だけ、均衡《バランス》をとって存在しているものなのですが、唐突に不幸に見舞われると、人は誰しもが茫然自失《ぼうぜんじしつ》（驚き、あきれ、我を忘れる）の態《さま》となってしまいます。無理のないことなのですが、実は歴史が役に立つのはこういう時なのです。

歴史学者エドワード・ハレット・カーは、
「歴史は現在と過去との対話である」（『歴史とは何か』）
と言っていましたが、過去と対話をすると見えてくるのが未来なのです。

生涯、不幸や逆境、苦しい思いをしたことがなく、平穏に暮らせたなどという人は、この世に存在しません。

本書に登場する歴史上の英傑たちも例外なく、茫然自失する立場にたたされ、はた目には不可能とみえる「死地」（生きる望みのないような危険な場所、窮地）に追いつめられながら、奇跡的な生還、逆転、成功をおさめています。なぜ、彼らには難関突破《ブレークスルー》することが可能であったのか？

歴史上に名を残した人々は皆、〝自分の道〟を見つけ出すことに成功した人々でもありました。彼らはそのためにこそ、学びつづけたのです。

どのような進路を選択すればいいのか、どんな仕事がしたいのか。

自分の歩もうとしている今の道は、本当に自分に合っているものなのだろうか。

フランスの哲学者サルトルは、

「人間は自ら作るところのものとなる」（『実存主義とは何か』）と言いました。実存主義の思想、つまり、人間は自分で人生を切り拓いていけるということです。

悩みながら、やってみての失敗をくり返しながら、試行錯誤しながら、歴史上の人々は学びつづけました。学びは、自ら問いかけることです。

現在、新型コロナウイルスの蔓延《まんえん》、長期化、その〝禍〟の影響を受け、大きな打撃を受けている人、先が見えなくなってしまった人、夢や目標を見失ってしまった人もいるでしょう。

誰しもが、自分ほど不幸な人間はいない、と思い込んでいるに違いありません。

しかし、いつの時代でもコロナのように、唐突に自らの人生を狂わされることは、決して珍しいことではないのです。

現在の不確実な時代を「ＶＵＣＡ」と呼んでいますが、Volatility（変動性）、Uncertainty（不確実性）、Complexity（複雑性）、Ambiguity（曖昧性）は、いつの時代もあったのです。

「昭和」のアジア・太平洋戦争のあとでさえ、日本はバブル経済の崩壊、就職氷河期、リーマンショック＝超氷河期、度重なる震災などの自然災害に見舞われています。どの「ＶＵＣＡ」が一番厳しかったか、それは各々評価の異なることでしょう。

人生においては、軌道修正を迫られるというのはむしろ、あたり前のこと。度々、立ち往生した時こそ、われわれは学ばなければなりません。

マイナス面にとらわれることなく、将来の夢や目標、自らの本当にやりたいことを自分自身と向き合って、真摯に考えることは大切なことなのです。それも〝善は急げ〟で、早いにこしたことはない、と歴史の世界は雄弁に語っています。

ただし、〝やりたいこと〟をいきなり一つに絞る必要を、筆者はあまり感じません。「令和」が参加する二十一世紀の社会は、大きな一つの目標にむかって、一直線につき進むといったような、「昭和」までのやり方が通用しにくい時代になったように思われます。

なにしろ経歴《キャリア》は組織を往来し、業界を超えて複合化して、これまでの肩書き、職種では説明できない分野が、次々と生み出され広がっています。

例えるなら、世界はらせん型に展開している、とでも言いましょうか。

筆者は、歴史上の成功者たちの〝学び〟をみていると、登っていくのに三つの方向性があるように思いました。

まず、なんとなく抱いた大いなる理想や夢、次にそれにむかっての「もっとこんなふうになりたい」という方向性や具体性、加えて三つめに個人として得意とすること、これらが合わさって「これだ！」という〝未来〟が出現するように思います。

逆に言えば、三つの均衡《バランス》を欠いた時、人は自分の人生を、マイナスと捉えるのではないでしょうか。

実は、いつの時代においても、〝その時〟を生きた人々は、常に時代の〝変化〟にさらされていたのです。その中で自分の強みに早く気づき、それを伸ばして、〝世のためにも自分のためにも役立つ〟方向を、探し得た人が〝学び〟を活かせたと言えるのかもしれません。

ましてこれまでは、社会人となって自らの職務を果たし、そのあとは余生と考え、人生を二つのステージとして捉えてきたものが、人間百年の時代を迎え、ステージが三つに広がってしまいました。

第一は衝動――「好きなこと」「やってみたい」と心に湧いた思いに、積極的に一歩踏み出してみる。そして〝学び〟ながら興味・関心を抱いた理由、自らの求めるものを明らかにして行きます。そのために必要なのが言葉です。

なぜ、学ぶのか――「何となく」ではつづきません。家族や友人に語りながら、少しずつ具体化していけばいいのです。

もし、この段階で挫折するような人、「もっと別の選択肢があったかもしれない」と思う人には、古代ローマ哲学者エピクテトスの、次の言葉をプレゼントします。

「遠くから、欲望を投げかけるな」

エピクテトスは奴隷であり、宴会でのお目当ての料理について語りました。料理が順番に回ってくる中で、めざす料理がたまたま自分のところに回ってこなかったからといって、それをうらみ、嘆き悲しんでも何にもなりません。まずは、自分の手もとに届いた料理で、満足した方が賢い、と彼は言うのです。筆者も同感です。

今、自分がやれることを懸命にやれ、ということです。

面白いもので、師や父母、兄姉に問いかけ、友達に語りかけ、コミュニケーションを交わしていると、「これだったんだ」という〝気づき〟が起きてきます。アイデンティティ（自分らしさ）が明確になってくるからです。

次に必要となるのが、アダプタビリティ（変化に適応する力）を学ぶことです。学びのレベルが上がってくると、これまで見えなかったこと、考えもしなかったことが、ふいに浮上してきます。それを恐れてはいけません。

逃げずに読者《あなた》の前を行く、〝師〟や先輩を見つめつつ、〝学び〟つづけていくと、自身のアダプタビリティが鍛えられます。進む方向に自信がもてるようになったら、経歴《キャリア》形成ができるようになったならば、さあ、自分を信じて楽観的に、〝縁〟を大切に、人脈を広げ、歩みを止めず、あとはひたすら前進しましょう。

本書は好評をいただいている既刊の『日本史に学ぶ一流の気くばり』『心をつかむ文章は日本史に学べ』と同様、読者の理解を高めていただくべく、筆者の友人の作家・佐野裕《ゆたか》氏の質問に、歴史上の人物と事件について、筆者が答える――口述筆記を文章にしました。

一応の区分の目安を、各章立てで設けてみましたが、目次を参照いただいて、読者《あなた》の気持ちが動いた章から、読み始めていただければと思います。歴史上の人物の、工夫された勉強法が、かならずや読者の参考となるに違いありません。

最後になりましたが、本書を担当いただいたクロスメディア・パブリッシングの坂口雄一朗氏、読者の理解を助けるべく、様々のアドバイスをもらった歴史研究家の井手窪剛氏に、この場を借りて謝辞を述べる次第です。

令和二年師走吉日　東京・練馬の羽沢にて

加来耕三

日本史に学ぶ成功者たちの勉強法　目次

第二章

一流の商人の「ビジネス」勉強術

第三章

一流の軍師の「戦略」勉強術

第一章

勉強する人だけがたどり着ける場所

歴史に名を残す成功者は、いずれも皆、例外なく〝超〟がつくほどの「勉強家」です。政治家・田中角栄から軍師・竹中半兵衛、起業家・岩崎弥太郎《いわさきやたろう》まで、彼らの成功人生は「学び」と共にありました。

彼らは生涯を通じて学びつづけ、歴史に名を残す偉業を成し遂げたのです。

この成功法則は、現代においても変わりません。

皆さんの周りでも、向上心があり、勉強熱心な人はそれなりの成果を収め、相応のポジションに就いていると思います。

なぜ、彼らは学ぶのか？　学ぶことによって、未知の自分と出会うことができるからです。昨日までの自分とさよならして、新しい自分を手に入れることができるからこそ、人々は勉強するのです。

逆に言えば、受験勉強、入社の勉強の類《たぐい》は、決して身につきませんし、自分を変えることはありません。

とくに、〝コロナ禍〟の中、時代の大きな変わり目を迎えている今、新しいこと、知らないことを学ぶ姿勢は、ますます必要となり、そこで得た知識、教養が今後のあなたを支えることになるはずです。

学ばない人は生き残れない時代に、今、私たちは直面しているのです。

毎朝二時から勉強した田中角栄

では、何を学び、どのように活かせばいいのか。歴史にはたくさんの模範例があります。

早速、紹介していきましょう。

まずはご存知、「昭和」を代表する政治家・田中角栄です。東大卒の政治家が多い中で、小学校を卒業後、商売をしながら政治の道を志し、叩き上げで国政のトップの座を摑んだ人物です。

なぜ、彼は大成功を摑むことができたのでしょうか？　お金の力？　卓越した人心掌握術？

もちろん、そういう部分もあったでしょう。しかし、それはこの人物の一部であり、本質ではありません。

成功の理由は、田中角栄が〝超〟がつく「勉強家」だったからです。

十六歳になる年に新潟から上京してきた角栄は、昼間は工事現場で働き、夜学で学ぶ生活を始めます。

いくら若いとはいえ、朝の五時から夕方までミッチリと建築現場で立ち働きをしていれば、体は疲れ切っています。

だからといって、せっかく通っている夜学の勉強中に、居眠りをしてしまえば、その分、勉強は身につきません。

角栄は必死に眠気を抑えて、机に向かったといいます。

知識を得て、それが使えるようにならなければ、自分の人生は開けませんし、変わりません。

彼は必死に、まだ見ぬ自らの未来を変えようとしていたのです。

国会議員になってからも、角栄の勉強はつづきました。彼のあだ名は、「コンピューター付きブルドーザー」です。

「ブルドーザー」とは、角栄らしい、剛腕で物事を動かすスタイルの象徴ですが、それに加えて「コンピューター」顔負けの頭脳が、彼にはあったことを言い表しています。

では、どうやってそのコンピューター並みの頭脳をつくったのか。

彼の二十四時間は、勉強と共にありました。

まず起床は、朝の二時です。

そこから勉強を始めます。

役所が用意した資料（国会における答弁書、記者会見の想定問答集など）、データ、関連書籍に目を通します。そして、徹底的に事実関係を頭に入れていき、必要な知識をつなげていくのです。

午前二時に起きるなんて、いったい前の日は何時に寝たのかと思いますが、夜は平均して一日三軒の宴席をハシゴしていたそうですから、寝不足の日もあったでしょう。改めて、そのバイタリティに感心させられます。

外は暗く、世の中の多くの人が眠っている時間に、角栄は内閣総理大臣という日本のトップに立つべく、懸命にひとり、勉強に打ち込んでいたのです。文字を追いながら、数字を頭に入れながら、孤独に机に向かっていたのでした。

こうした努力が実を結び、彼は偉業を成し遂げます。政治家のトップ、総理大臣に上りつめたのです。

角栄が首相だった時期は、昭和四十七年（一九七二）七月七日から同四十九年（一九七四）十二月九日までの約二年余りでした。

たったそれだけの期間に、彼は『日本列島改造論』を世に問い、日中国交正常化をはじめ、国際政治でも多くの成果を収めました。

その働きを裏で支えていたのが、それまでつづけた猛勉強だったのです。

ちなみに角栄は引退するまでに、議員立法を三十三本成立させました。これは前人未到の記録であり、いかに彼が問題意識を持って、具体的なテーマを念頭に置きつつ、勉強しつづけたかを表す証拠でもあるのです。

借金しながら蘭学を学んだ勝海舟

勉強熱心という点では、幕末から明治の時代に活躍した勝海舟も負けてはいません。

彼は、四十一石（現在で言えば、年俸百六十四万円）という、幕臣では旗本の下の御家人（将軍の前に出られない）の家に生まれ、そこから幕府を代表する人物に上りつめました。

その原動力は「勉強」です。海舟もまた、〝超〟がつくほどの勉強家でした。

彼は四十二歳で軍艦奉行、四十六歳で海軍奉行並《なみ》となりますが、幕府の中で西洋流兵学や黒船の操船などで、彼より詳しい人物はいませんでした。

それもそのはず、二十代でオランダ語に出会った海舟は、その世界に魅了され、のめり込みます。

当時は〝蘭癖《らんぺき》〟という言葉があり、医者（蘭方医）でもないのに蘭学を勉強する人間は、おかしなヤツだ、と白い目で見られていました。まだペリーの黒船来航前だったため、西洋式の砲術を学ぶ者もほとんどいませんでした。なにより日本は〝神州〟だと思い込んでいる人が多かったのです。

ですから、剣術の師範代で生活費を稼いでいた海舟が、旗本の家に代稽古に行くと、「夷狄の言葉を学んでいるヤツになど習えるか」と門前払いを喰らったそうです。

「先生、先生」と呼ばれた師範代の立場から、彼は関わりたくない、忌むべき存在に落とされたわけです。

それでも海舟は、蘭学を学ぶことをやめませんでした。蘭学の知識はいつか、必ず役に立つ日がくる、と信じ、勉強をつづけました。

しかし、生活は大変困窮します。元々、幕府からの給金だけでは暮らせないから、剣術の師範代で稼いでいたのに、その道を絶たれてしまいました。毎日の食卓のための、煮炊きすら賄《まかな》えない状況に陥り、海舟は床を剥《は》がして薪代わりにしたほどでした。

一日一食で蘭学を学ぶ中、二十五歳の海舟は『ヅーフ・ハルマ』（蘭和辞書）を医者から借りてきます。そして、自らの手でこれを写本したのです。当時の『ヅーフ・ハルマ』は現在の二百四十万円ほどの金額でした（※江戸後期、一両四万円とする）。

海舟は持ち主に拝借金を払って、『ヅーフ・ハルマ』を借り、ペンやインクは高いので、和紙に手作りのペンとインクで書写を試みたのです。

海舟は必死に、写本を二部作りました。一部は自分の勉強のために使うもの、もう一部は売って、借金返済と生活費に充てるためでした。

こうした海舟の努力は、次第に実を結び始めます。

ペリーが黒船で来航した際は、幕府内にこの緊急事態に対応できる人間がおらず、西洋の知識を蓄えた海舟は勇んで、国防の問題点を指摘し、大砲の製作から人材登用までを記した建白書を提出しました。

この提案が、彼の幕府への登用のきっかけになります。今まで覚えたオランダの知識で、次には大砲を作ることを頼まれたのです。

――海舟は必死に、取り組みました。

なにしろ西洋式の大砲の製作には、当時の日本では莫大なコストがかかりました。すると、大砲の製作を請け負った商人が、ワイロを持ってくるのです。

手抜きをして、少しでも儲けたいものですから、工程を厳しくチェックせず、手心を加えてくれ、と言うのです。

海舟は激怒しました。

「この大砲は何のために作っているか、お前たちにはわからぬのか！　日本を海外からの侵略から、守るためなのだぞ。その大事な武器の、胴の厚みを減らしたら、すぐに砲身が壊れるだろうが！」

海舟の言葉に、怒られた商人はむしろ感動したそうです。

自分の懐具合《ふところぐあい》を増やすことばかり考える武士や商人の中で、こんなにも国を憂う、気骨のある旗本がいたのか、と海舟のことをあちこちで立派な人物だ、と話しました。

それが当時の海防・目付けだった、大久保一翁《おおくぼいちおう》（諱《いみな》は忠寛《ただひろ》）の耳に入ったのです。

一年では帰らない。三年学びつづけた

大久保一翁は海舟のことを認めて、この流れから海舟の長崎海軍伝習所のメンバー入りが決まりました。

ついに海舟は、テクノクラートとしての出世コースに乗ったのです。

しかし彼は、カリキュラムを終えた同期が、次々と江戸に帰って栄達の道に進むのを尻目に、長崎に残ってひたすら勉強をつづけました。

ほかの幕臣や諸藩からの選抜の人々は、出世するためにこそ、長崎海軍伝習所で勉強していたわけで、最低限の勉強をこなして、一刻も早く、その成果を出世に役立て

たい、とさっさと帰ってしまったのでした。

幕臣の場合、その頃には、江戸にも軍艦操練所ができ、海軍の技術を学ぶ人間が増えていました。長崎でモタモタせず、早く江戸に帰らないと、出世するポストがなくなってしまいます。

わかっているはずなのに、海舟は一年経っても、二年経っても、江戸へ帰ろうとはしませんでした。

長崎海軍伝習所の入門者は、三期までありますが、すべての講義・実技に参加したのは海舟だけでした。

目先の出世のことを考えたら、勉強を早々に切り上げて、江戸に帰った方がよかったでしょう。

しかし海舟は元々、地位が低いため、ちょっとやそっと勉強した程度では、高級旗本の子弟に抜きん出ることはできませんでした。

彼はさらに、その先、〝未来〟を考えていたのです。

ましてや、これまでは蘭学の書物でしか学べなかったことが、直接、オランダ人の海軍士官に尋ねることができるのです。勉強するうえで、これ以上の環境はありませんでした。

海舟はこの機会を逃すものかとばかりに、オランダ人士官たちに質問を矢継ぎ早に発し、知識を吸収していきました。

そして、そのやりとりの中で、海舟は大きな気づきを得たのです。

海軍士官カッテンディーケが言いました。「長崎を占拠するには蒸気軍艦一艘で充分だ」と。

「オランダの旗を立てて、いわゆる黒船、西洋式の軍艦が長崎湾に入ってきたなら、長崎の庶民は逃げ、武士は〝我らは受け持ちではない〟と立ち去る。おそらく誰も残らないし、戦う人間はいないから、オランダ国旗を陸上に立てたら、そのまま長崎を占拠できる」と。

こう言われて海舟は、愕然《がくぜん》としつつも、実際にその通りだと気がつくのです。

長崎を占領されることは、日本の主権が侵されることだという意識が、当時の武士にも庶民にも希薄でした。単に、長崎という土地の問題だ、と切り離して考えてしまうわけです。

それ以前の問題として、この時点で日本人は誕生していませんでした。長崎に住む人々は長崎人、江戸には江戸人、地方には長州人、薩摩人、会津人――云々。

これでは次々に、各地を占領されると、日本はバラバラにされてしまう……。

まずは日本という、統一国家を作って、どこの土地も同じ国なのだという意識を持たせなければダメだ、と海舟は学んだのでした。

その一方で彼は、オランダ士官の見解や、オランダ商館からの情報を分析して、レポートに書いて、定期的に江戸に送る作業もつづけていました。

それを見た幕閣は、「長崎には勝という見上げた幕臣がいる」と、遠く離れていた海舟を忘れず、その存在にむしろ注目していたのです。

その結果、幕府の軍艦として、初めて太平洋を往復することになる咸臨丸《かんりんまる》のメンバーに、海舟は選ばれました。

しかも、三年間操船技術を学んだことが評価されて、待遇は艦長《キャプテン》です。幕臣としてアメリカに渡って、貴重な経験を積むことができました。

そして海舟がアメリカから帰国した時期に、桜田門外の変で井伊直弼《いいなおすけ》が暗殺されます。世の中が大きく変わり、幕府が変わるタイミングで、彼は幕府を動かす立場に就いて行くのです。

目先の出世に惑わされず、勉強しつづけたことが、実を結んだ好例でした。

福沢諭吉らを輩出した適塾の競争勉強法

私は、日本人はいつからこれほど勉強しなくなったのか、と思うことがあります。

実際、大学などを利用して学び直しをしている社会人の割合は、ＯＥＣＤ先進国の中で日本は最下位です。

それに比例して、日本の国力も下がり、かつて世界トップ50の中にずらりと日本企業が並んだ、企業の時価総額ランキングも、いまや残っているのはトヨタ一社のみ。

しかし歴史を振り返ると、日本の変革・成長期における勉強熱は、すさまじいものがありました。日本人は追いつめられると、必死に勉強をする習性を持っているのかもしれません。

その一例を挙げましょう。幕末の「適々斎塾《てきてきさいじゅく》」（通称・適塾《てきじゅく》）です。

その学びにかける情熱は、おそらく今日の大学受験と比べても遜色《そんしょく》のないものだったと言えるでしょう。

適塾は日本一とうたわれた蘭学者で、蘭方医の緒方洪庵《おがたこうあん》が主宰し、大坂（現在は大阪）にありました。とにかく綺羅星の如く、優れた人材を世に輩出しています。

のちに慶應義塾を開いた福沢諭吉、戊辰戦争における官軍の軍師をつとめた大村益次郎《おおむらますじろう》、二十代前半で越前福井藩主・松平春嶽《まつだいらしゅんがく》の懐刀として政治活動をした橋本左内《はしもとさない》……など、錚々《そうそう》たる顔ぶれです。

彼らが適塾で学んだのは、蘭学による西洋医学や、今日につながる生理学・窮理《きゅうり》（物理学）・舎密《せいみ》（化学）などの、当時の最先端の学問でした。

その学び方は自学主義、厳格な能力主義で行なわれました。

まず、適塾の住み込み書生になると（通いもいましたが）、一人一枚の畳が与えられます。そのわずかなスペースをプライベート空間として寝食、読書など、すべてを済ませるのです。

与えられる畳は各自の成績によって、位置が変わる仕組みでした。

塾生の部屋は塾舎の二階です。成績が下位の塾生は、階段に近い位置の畳を割り当てられます。

用を足したり、外出したりする際に、多くの書生が階段を上り下りするので、階段の手前の位置にある畳の書生は、落ち着きませんし、夜中に寝ているおり、人に踏まれるリスクも多々、ありました。おちおち寝ていられません。

逆に成績優秀な塾生は、部屋の奥、つまり壁際や床の間に近い畳を占有できます。窓際でゆったりと、くつろげるわけです。

成績が良ければ、快適な生活を送ることができ、悪ければ最悪の環境で過ごさなければならないのです。いい場所を目指して、皆、必死で勉強したわけです。

また、その成績の付け方もユニークです。現代のように、教師が評価者となって、各自に点数をつけていくわけではありません。

誰が優秀であるかは、塾生たちの総意で決まるのです。

例えば、輪読会を開き、同じ西洋の本を皆で少しずつ読む。塾生はそれぞれ自分の翻訳の技量を披露し、独自の解釈を発表します。

その内容は各人で少しずつ違う。だから、みんなで討論《ディベート》して、互いに質問をして、答え合うのです。

みんなの前で議論し、多くの塾生に認められれば評価が上がる。そして、居住スペースである畳の位置が変わるわけです。

仲間同士で切磋琢磨《せっさたくま》し合い、自分の考えを深め、より勉強の成果を高める素晴らしいシステムでした。

柔道を興した嘉納治五郎の学び

勉強熱心だったのは、武士や政治家だけでありませんでした。

平成三十一年（二〇一九）の大河ドラマで注目を集めた、柔道の創始者・嘉納治五郎《かのうじごろう》もまた、〝超〟がつく勉強家でした。

武道においては、机上の学問より実戦の方が大事だ、と思われるかもしれませんが、どんなジャンルであれ、学ぶことの大切さを治五郎は伝えている、と私は思います。

嘉納治五郎の功績は、江戸から明治にかけて衰退した剣術や柔術などの武道を復活させ、「柔道」という形に作り上げていったことです。

しかしこれは、簡単なことではありませんでした。

華やかな西洋文化が入ってくる中で、剣術や柔術などの武道を古臭くて野蛮なものと嫌悪する風潮が広がり、名だたる道場も次々と閉鎖されていきました。

「古流柔術は、もはや衰亡の危機に瀕《ひん》している」

長年かけて培われてきた各流派の特色も、その柔術を伝える者がいなくなれば、技術の継承は途絶えてしまいます。

この危機を救うには、より完成度の高い武術を創始するしかない。

文明開化に浮かれる国民に、古くから受け継がれた伝統の良さに気づいてもらうしかない。そのためには、古流柔術の諸流派の長所を統合し、今までにない、まったく新しいものを創造しよう、と治五郎は考えたのです。

嘉納治五郎は官立開成学校（卒業時は東京大学文学部）の出身です。ちなみに、同じ年に卒業した文学部学士は、わずかに六名でした。超エリートと言えます。

そして、明治十五年（一八八二）一月には、治五郎は学習院（のちの学習院大学）の講師になっていました。周囲からは、

「教育者でありながら、野蛮な武術に傾倒するなど言語道断である」

と非難されています。

しかし、そうした声に耳を傾けず、治五郎は理想の柔術の完成に心血を注ぎました。下谷《したや》北稲荷町（現・東京都台東区東上野）にあった永昌寺《えいしょうじ》へ寄宿すると、その一部を道場にして、毎日、技の研鑽に励みます。

天神真楊流《てんじんしんようりゅう》の絞技、関節技などと、起倒流《きとうりゅう》の立ち技を統合しようと、日夜、技を練りつづけたのです。その過程で、治五郎はある発見をします。

「柔術を学ぶうちに、単に面白さのみならず、心身鍛練によほど効果のある修行だと、深く感ずるようになった」

と本人が語っています。

最初は〝術〟を求めて、武術の世界に入った彼が、精神修養においても、古流柔術

には効能があると知ったのです。そして、「講道館柔道」が生まれました。

とはいえ、新興の〝柔道〟は、なかなか世間一般には認められませんでした。単に〝嘉納派〟という柔術の一派が生まれた、と見なされていたのです。

これでは柔道を知らしめる前に、日本の美しい武道が潰えてしまいます……。


――治五郎は、思い切った手段を取ります。

他流試合です。世間に対して、講道館柔道の優位性を示すには、古流柔術との試合で勝つことは効果的なPRになります。

実際、講道館の道場には、他流派の武道家が腕試しに来ていました。彼らからすれば、柔道なんて「学士さまの道楽」に見えていたのでしょう。ひと泡ふかせてやろう、という連中が集まってきました。

いくら偉そうな御託《ごたく》を並べても、そこでコテンパンにやられてしまったら、講道館の看板は廃ってしまいます。

そこで治五郎は、西郷四郎、山下義韶《よしつぐ》、横山作四郎《さくじろう》といった、他流ですでに実績のある武術家をスカウトして、自らの理念による柔道を教えました（嘉納家で書生をしていた富田常次郎《つねじろう》を加えて、四天王と称します）。

また、治五郎は後年、ほかの武道も懸命に研究しています。合気道の植芝盛平のもとにも十七人を講道館から派遣して、研究しました。古武道研究会を講道館内に作って、他流派の柔術はもちろん、杖術《じょうじゅつ》や棒術、薙刀術まで研究したのです。

船越義珍《ふなこしぎちん》の空手（当時は唐手）を、沖縄から本土に持ってきたのも治五郎でした。


さらに治五郎は、初心者が柔道を学びやすいシステムを構築します。

旧来の柔術では、入門から目録、免許へと進む昇格制度です。これでは名人達人に、いつなれるかわかりません。修行の目安も、つきにくいと言えます。そこで講道館では、細かく段位制にして、次の目標に進みやすいように工夫しました。

また柔道衣の開発、有段者には黒帯、初心者には白帯というように、わかりやすい区分、毎月の試合開催やルール制定など、古流の閉鎖性を外《はず》す努力をしたのです。

その効果は抜群で、柔道を学ぶ人は急速に増えました。

明治十五年（一八八二）の講道館の門人は、たった九名にすぎませんでしたが、大正十五年（一九二六）には三万七千人の門人を擁する一大勢力に成長したのです。

その裏には、治五郎の勉強の成果があったことは、言うまでもありません。

五十代から数学に取り組んだ伊能忠敬

勉強するのが大事なのはわかるのですが、今さら遅いですよ……。四十代、五十代の人と話すと、こんな声をよく耳にします。

確かに、勉強は若い時ほど吸収力があります。

しかし、世の中は人生百年の時代へ、今後は多くの人々は、六十歳を過ぎても仕事をすることになります。高齢でも現役で仕事をするのなら、なおさら勉強する必要は生じます。

そもそも、勉強を始めるのに年齢制限はありませんし、遅いことはないのです。それは歴史を見れば明らかとなります。

日本史でその代表的存在と言えば、伊能忠敬《いのうただたか》でしょう。

彼は五十七歳から十七年間かけて、日本全国を測量しました。そして、日本で初めての日本地図『大日本沿海輿地《よち》全図』を、後世に残しました。

江戸時代の人・忠敬は、若い時から数学が趣味でした。とくに天文学に強い興味を持っていて、太陽や星を眺めるだけでなく、その距離を測ったりしています。

しかし彼には、養子に入った庄屋を建て直す使命がありました。

忠敬は趣味の世界を封印し、仕事に精を出します。水害や飢饉に苦しむ村人を救い、庄屋の経営も完全に再建しました。その功績を認められて、苗字帯刀を許されたほどです。

五十歳になってから忠敬は、ようやく引退し、好きだった数学の世界へと本格的に足を踏み入れます。

もちろん、趣味だからと我流で好き勝手にやるのではありません。正式に師匠に弟子入りして、基礎から教えてもらうのです。

当時、江戸で〝日本一の数学者〟と言われていた、高橋作左衛門至時《よしとき》の門下生になりました。自分より十九歳も年下の、師匠についたのです。

そこで天文学、科学的な測地法、基礎となる「平面三角法」「球面三角法」などの高等数学を学んでいきました。

数学を学びながらも、彼は夕方の星の観測を欠かしませんでした。ほかの門下生が面倒くさがる計算も、忠敬は根気よく取り組みます。

努力をつづける彼を、師匠の至時も〝推歩先生《すいほ》〟と呼んで、敬意を表しました。

そんな中、ロシアが蝦夷地（現・北海道）を侵略する噂が流れます。当時は蝦夷地の全容について、把握している日本人はいませんでした。地図すらなかったのです。地図がなければ、防衛戦略は立てられません。

そこで幕府から至時に対して、「ただちに精密な日本全土の地図を作製せよ」と命令が届きます。日本全土の地図という一大事業に、体の弱かった至時は尻込みし、辞退します。

しかし、日本の地図は誰かが作らなければなりません。

なんと至時は、測量の才能があるとはいえ高齢（当時）の忠敬に、「代わりにやってもらえませんか」と頭を下げました。

当然、ことわるかと思われた忠敬は、これを受けました。十九歳も若い師匠すら、逃げ出す難事です。そもそも蝦夷地がどれぐらいの大きさで、大陸とつながっているのかどうかさえも、わかっていませんでした。

そんな大変な任務に対して、すでに五十代に入っていた人間が取り組もうと決めたのです。

日本初の事業に対する、使命感と挑戦心を忠敬は持っていたのでしょう。

七十四歳まで測量をつづけ、地球一周分歩いた

とはいえ、精密な地図を作ったことがない忠敬には、取りかかる前に準備が必要でした。

まず方位磁石が、真北を指さないことを知ります。それでは正確な測量ができません。しかし長年、星の観測をつづけてきた忠敬は、北極星を観測すれば真北を知ることができることに気づいていました。

さらに『量程車《りょうていしゃ》』と名付けた、専用の道具を発明します。これは、小さな玩具の車

みたいな形ですが、測りたい場所を転がせば、その分の車輪の回転数によって距離が読み取れるのでした。

ただし、道路が舗装などされていない時代です。平たんな道ばかりではありません。凹凸もあれば、斜面もある。それらの道を同じように転がしては、正確な距離が測れません。

忠敬は、驚くべき解決法を生み出します。

なんと自分の歩き方を一定にすることで、平らでない道を〝歩測〟によって計算しようと考えたのです。歩く幅を一定にするには、相当の訓練が必要です。

彼は一年間かけて、江戸市中を歩き回り、自分の歩く幅が一定になるように、徹底して鍛えました。同時に、芝丸山《しばまるやま》（現・港区芝公園）で斜面測量の実習も、入念に積んだのでした。

さらには、測量をアシストしてくれる弟子を育てました。旅に同行して、測量結果を地図に起こしてくれる人がいなければ、正確な地図は描けません。庄屋時代に後継者を育成し、スタッフを使ってきた経験が、ここで活きました。

それだけの準備を重ねて、五十七歳になった忠敬は、蝦夷地の測量に向かいます。そして紆余曲折を経て、その測量に成功しました。その後、本州東海岸、東北、北陸などの測量まで果たすことになります。

何歳であっても、学びつづける姿勢があれば、いかに困難な問題でもクリアできるのです。

忠敬は七十三歳まで測量をつづけました。亡くなったのは、その二年後（享年七十五）。彼が歩いた総距離は四万三千キロで、優に地球一周を超えていました。

——なお、忠敬が作った地図が、いかに優秀かを物語るエピソードがあります。

彼が亡くなって約四十年後、イギリスの測量艦が日本沿海を実測しようとします。その際、幕府が忠敬の日本地図を見せると、「こんな素晴らしい地図がもうあるじゃないか。我々が測量しても、これ以上の精度にはならない」と測量艦のキャプテンが驚いたのです。

忠敬は五十代から勉強した知識と技術で、日本の歴史に名を残す偉業を成し遂げたのでした。

生涯、理想を追いつづけた葛飾北斎

——生涯、学びつづけたといえば、この人も忘れてはいけません。世界中の画家に影響を与えた、江戸時代の画家・葛飾北斎です。

彼の代表作、『富嶽三十六景』は海外に浮世絵ブームを起こすほど評価されました。ゴッホ、ゴーギャン、モネなど、ヨーロッパの名だたる画家に衝撃を与えました。

北斎は生涯、絵の技法を学びつづけています。

例えば、彼が描く富士山は、山が赤い「赤富士」、黒い「黒富士」、「逆富士《さかさ》」などありますが、すべて違う技法で描かれています。

なぜ、北斎が自在に技法を使いこなせたのかと言えば、数多くの絵の専門家に弟子入りし、技法を次々と学び、身につけていったからにほかなりません。

日本では、複数の流派を学ぶ人間は嫌われます。それこそ○○流に入門したら、一生を○○流派に捧げる覚悟が求められます。

しかし、北斎はそんなことはお構いなしに、次から次へと違う絵の流儀を学びつづけました。

そして、ひとつの技法を身につけると、その流派をさっさと去るのです。その振る舞いが嫌われて、若い時だけで五つの流派から破門されています。

けれども、北斎に言わせれば、表現したい作品のためには多くの技法が必要なのです。彼はその気持ちに、正直だっただけのこと。

新しい画法を修得する度に、北斎は画名を改めています。

宗理《そうり》・戴斗《たいと》・卍《まんじ》・百姓八右衛門《ひゃくしょうやえもん》など、一説では三十数回、雅号（文人が名乗る風雅な名）を変えたと言われています。

そんな北斎は、自筆の文で、

「私は六歳から絵筆を持つようになったが、七十歳以前の自分は取るに足らない」

と述べています。さらに、

「七十三歳になって、ようやく禽獣虫魚《きんじゅうちゅうぎょ》の骨格、草木《そうもく》の出生《しゅっしょう》を悟ることができた。八十歳になればさらに進歩して、九十歳になれば奥義を極め、百歳にて神妙になり、百十歳になれば一点一画を生きているように描いてみせる」

とも宣言しています。

そうかと思うと、九十歳まで生きた北斎は、その時、

「線一本も満足に引けねぇ」

と嘆きます。

死ぬまで理想を追い求め、勉強しつづけた北斎の生き方を、皆さんはどのように受け止められるでしょうか。

天下人の勉強法㊀

失敗経験から学びつづけた徳川家康

天下人・徳川家康もまた、学びの人でした。

家康の場合は、特に失敗から学んだ達人と言うことができるでしょう。

実は、信長、秀吉、家康という〝三英傑〟の中で、総合的な能力がもっとも低かったのが家康です。そして彼は、自分に能力がないことを自覚していました。

家康が幼少期に人質生活を送っていたことは、皆さんもご存知だと思いますが、六歳で人質になった織田家には天才・信長がいました。

また、八歳で今度は今川家の人質になりますが、当主・今川義元も〝海道（東海道）一の弓取《ゆみとり》〟と言われ、駿河・遠江・三河（各々現・静岡県中部、同西部、愛知県東部）の三ヵ国を有していた名将です。

信長に桶狭間で奇襲され、討ち取られたために評価が低かった義元ですが、近年その評価が見直されています。

鉄砲が出現する前に、天下統一の方法——今川・北条・武田の三国軍事同盟——を考えついたのは、ひとり義元だけでした。

いずれにしても、こうした才能あふれる武将を間近に見て育った家康は、自分はとうてい彼らには及ばないな、と思い知ったことでしょう。

家康は自分が凡人であることを認めて、失敗してもそこから貪欲に学ぼうとしました。才能では太刀打ちできないので、勉強することで追いつこうと決めたのです。

象徴的なのは、三方ヶ原の合戦です。京都に向かう途中の名将・武田信玄の軍勢に、徳川軍は大敗を喫しました。

——そもそも、無謀な戦いでした。

自分の領地を横切って（無視して）通る武田軍に対して、カッとなり、不利を承知で、家康から仕掛けたのです。

ちょうど武将として自信をつけてきた時であり、三十一歳、多少の慢心もあったかもしれません。

少数の兵で、格上の大軍に挑む——。

織田信長の〝桶狭間の戦い〟を再現してやる、といったぐらいの意気込みだったのかもしれません。

しかし、桶狭間の場合は、義元の本陣への奇襲だったから成功したのです。武田軍に堂々と迎え撃たれてしまっては、数でも、武将としての器量でも、信玄に負けているため、家康は勝負になりませんでした。

結果的に彼は、さんざんに打ち負かされます。

なにしろ大将である家康が、たったひとりで生命《いのち》からがら、浜松城まで逃げ帰るほどの完敗でした。

家康は猛省しました。やはり信長のやり方を真似しても、そもそも才能のない自分にはムリであった、と。

そして、学ぶべきモデルを懸命に探し、ついには自らを倒した武田信玄にいきついたのです。

信玄の強さは、閃きや奇策に頼るものではなく、堅実で計算された戦い方によるものでした。

信玄は「（勝利とは）五分《ごぶ》をもって〝上〟とし、七分をもって〝中〟とし、十分をもって〝下〟とする」と言っています。

大勝利をするのは最低で、戦いは十のうち五を勝てば十分だ、と戦国屈指の名将は言うのです。

実際、三方ヶ原で敗走する徳川軍が逃げ込んだ浜松城に対して、武田軍は攻撃を仕掛けませんでした。予定通り、もう一人の敵・信長と決戦すべく西進します。しかし、翌年四月、信玄は急逝しています。五十三歳でした。

家康は、信玄の堅実さこそ目指すべきであり、自分のような凡人が採り入れるべき要素を、多く感じたのでしょう。

そののち家康は、立ち居振舞いから言葉遣いを信玄に倣い、徳川軍の軍略・兵法を武田流（甲州流）に変えました。

信玄ならばどうするか？

と常に自問自答しながら、その後、家康は着実に力をつけ、ついには天下を手中に収めました。

関ヶ原の戦いも、実は己れの敗れた三方ヶ原の再現だったのです。

失敗に学び、信玄に「真似《まね》び」、家康は天下人となったのです。

第二章

一流の商人の「ビジネス」勉強術

ビジネスの世界は、成功と失敗、得と損がシビアに明らかになります。

この世界で結果を出しつづけるには、常に儲けのヒントを探して動き回るぐらいの、バイタリティが必要でしょう。

「この商品は不便だな」「こうしたらどうだろうか」「ここにニーズがありそうだな」と仮説を立てたら、それをまずは実践すること。

そして、どこがよかったか、悪かったかを検証する。毎日が勉強のくり返しと言ってもいいでしょう。

歴史に名を残した人々は、失敗をした時、行き詰まった時、立ち止まって深くその原因を考えました。

自分に足りなかったことを探して、それを補う学びをつづけたのです。

一流の商売人は、一流の勉強家でもありました。

第二章では、成功者七人の勉強法を紹介します。

岩崎弥太郎

牢の中で商売を学び、三菱財閥を作りあげた

現在も巨大な力を誇る〝三菱グループ〟――。

その礎を築いたのが、岩崎弥太郎です。

弥太郎はハングリー精神の塊《かたまり》でした。土佐藩の〝地下浪人《じげろうにん》〟という低い低い身分から、成り上がった人です。

地下浪人というのは、武士階級の底辺に位置し、食べるものにも毎日、困るような生活をしていた人々でした。

そんな境遇から脱出するには、勉強しかありませんでした。

そもそも土佐藩には、武士の間にも厳格な身分制度がありました。藩士の下の階級

に郷士《ごうし》がありました。郷士も刀は差していましたが、道で藩士と出会ったら、脇によけて土下座をしなければなりませんでした。

その郷士の株を、生活に困って売ってしまったのが、弥太郎のような地下浪人です。お情けで形だけ、刀は差していますが、武士としてのいかなる特権も持たず、農工商の人々にも蔑《さげす》まれる位置づけの存在でした。

そんな貧困と軽蔑される環境に育った弥太郎は、必死であがきます。

剣術には向いていなかったため、学問で這い上がろうと考えました。

とはいえ、彼が人並み外れて勉強ができたわけではありません。弥太郎の能力の中では一番得意だ、という意味での選択でした。

当時、学問して出世できる職業と言えば、儒学者でした。でも、土佐にいてはなれません。他所に出て学問を積み、箔をつけなければ――。

そこで弥太郎は、江戸に上る儒学者の奥宮慥斎《おくのみやぞうさい》に頼み込み、従僕として江戸についていく許可をもらいます。

そして翌年には、著名な朱子学者の安積艮斎《あさかごんさい》の塾に入門を許されました。

しかし、さあ、これから勉強だ、という時に、故郷から手紙が届きます。

飲んだくれの父親が、牢屋に放り込まれたという知らせでした。

弥太郎の父は、いわゆる穀潰《ごくつぶ》しで、庄屋と喧嘩をして、複数人からリンチを受けたのに、罪人扱いされたのは父親の方でした。地下浪人で、酒飲みで、村の嫌われ者だったために、不当な裁きを受けたのでした。

二十二歳の弥太郎は、父の面目をもって激怒します。そんなふざけた話はあるか、と頭にきて、急いで土佐に戻りました。ふつうなら十二、十三日かかる東海道を八日で駆け抜けたほどです。

早速、役人に「これは冤罪《えんざい》だ」と申し出ると、反対に「お上に楯を突いた」と言われ、父の釈放と入れ替わるように、今度は弥太郎自身が牢屋に放り込まれます。

彼はこの時、本気で、世の中の不平等を呪ったことでしょう。


でも、人生の禍福はわからないものです。

実は、牢に入ったことが、弥太郎の人生を劇的に変える発端となったのです。

その牢には、藩内の材木を横流しした木こりが入っていました。彼との出会いが、弥太郎をビジネスの世界へと導いたのです。

木こりは、藩の専売特許である材木を、勝手に売った罪で投獄されていました。弥太郎はこの木こりから、商いの仕組みを詳しく聞き、今までまったく知らなかった経済の世界を垣間見ます。そして、儒学者をめざして学問をするよりも、大きな可能性を感じました。

一年間ほどの牢内生活で、弥太郎は木こりから商売のやり方や算術などを基本から学びました。商いの世界を知れば知るほど、自分は商売が向いている、という気持ちが高まります。

しかし、元手（資金）がありません。が、いずれ自分で商売をやろう！　という発想が生まれたのは、この時からでした。

「経済がわかる」を武器に出世する

牢から釈放された後、弥太郎は早速、藩財政再建の意見書を藩に提出します。

これが藩政改革のリーダー吉田東洋《よしだとうよう》の目に止まり、弥太郎は活躍の場を与えられました。

ところが、長崎出張のおりに、莫大な交際費を使いこんだうえに、藩直営の商館の運営も十分に権限を与えられなかったこともあり、うまくいかずに彼は挫折します。失脚、クビとなりました。

その後、土佐藩の財政が行き詰まり、弥太郎に再びチャンスが巡ってきました。今度は、全権を任された立場で、土佐藩直営の、商館の立て直しを命じられ、彼は見事にこの大役を果たします。

さらに弥太郎の運命を変えたのは、坂本龍馬との出会いでした。出会った当時、龍馬はすでに土佐藩を脱藩していました（１６７頁参照）。

龍馬は薩摩藩の資本で、長崎に「亀山社中」という日本初の株式会社を設立。これは薩摩藩と長州藩が武器や軍艦の取引をする際に仲介をする、いわば商社でした。

幕府に見つからないよう、密かに両者を結び付けたのです。

最初は順調だった亀山社中ですが、薩長同盟が成立し、両藩の藩士が直接、貿易に携われるようになると、龍馬たちの存在は価値を失ってしまいました。

その時、龍馬に助け舟を出したのが、土佐藩の後藤象二郎《ごとうしょうじろう》でした。彼は吉田東洋の義理の甥《おい》でもありました。

後藤は土佐藩の財政難と、政治の方向性に迷い、喘《あえ》いでいました。

薩長が海外との貿易で潤沢な資金を得た事実を知っているので、土佐藩もその流れに乗りたい。薩長が目指す倒幕にも、遅まきながら参加する余地を残しておきたい。

目に留まったのが、龍馬でした。龍馬は倒産の危機に瀕《ひん》していました。両者の利害が、一致したのです。

両者は新たに「土佐海援隊」を立ち上げます。

ただし、土佐藩としては脱藩郷士に好き勝手をやらせたくはありません。藩の資本を預けるわけですので、しっかりとお金の流れや収支をチェックしておきたい。そこで、お目付け役として選ばれたのが弥太郎でした。

彼は土佐海援隊の会計を任されたのです。弥太郎は藩の商館とはレベルの違う、大きな商取引の仕組みを、実践の中で学んでいきました。

この時の経験こそが、のちに〝三菱〟が海運業で財閥を築く、大きなきっかけになったのです。いわば〝三菱グループ〟の原点は、「土佐海援隊」にあったと言えるでしょう。

そして、さらに遡れば、牢の中で木こりから学んだ商売の基本があったからこそ、地下浪人にすぎなかった弥太郎が、藩の重要な役目に抜擢され、活躍する場を与えられたと言えます。

「海軍」と「海運」を明確に分けた

坂本龍馬と共に土佐海援隊を任された岩崎弥太郎ですが、彼は龍馬とは考え方が違っていました。

というのも、龍馬は「海防」の意識が高く、土佐海援隊はいわば海軍の位置づけでした。海軍という組織を維持するにはお金が必要ですし、黒船（蒸気船）も欲しかった。そのためにチャーターした蒸気船を使って貿易をして、お金を稼いでいたわけです。

しかし、弥太郎は「貿易はコストのかかる〝海防〟を外して、単純に蒸気船で商いだけやる方が利益が大きい」と算盤をはじいていました。

蒸気船を増やして、海を使って商品を運べばいい。移動したい人も運べば、さらにお金になる。軍隊なんてリスクしかなく、損するだけだ——。

この考え方こそが、商社〝三菱〟の原型になったのです。


当時、多くの武士は「海軍」と「海運」をワンセットで考えていました。しかし、武装した軍艦を動かしていたらコストがかかりすぎるし、戦争に巻き込まれかねません。そこで弥太郎は、海軍の部分を切り離して、ビジネスにしようと考えたのです。

彼はまた、政治に関与すると生命《いのち》の危険がある、と考えていました。最初に自分を見出してくれた土佐の吉田東洋も、「海運」を教えてくれた坂本龍馬も、暗殺されています。

儲けるのが目的の商人が、生命がけのリスクをとるなんてバカバカしい、と弥太郎は考えたのです。

彼の原点は、くり返しになりますが、牢内で木こりから学んだ商い話です。

あの時、弥太郎は世の中を動かしているのは経済である、と確信しました。だから、余計な政治力は必要ない。むしろ、必要な部分だけ政治家とつながって、彼らの力を借りればいいのだ、と考えたのです。

明治の世となり、明治十年（一八七七）の西南戦争直後の〝三菱〟は、日本全国の汽船の総トン数の七十三％を占めるほどの成長を遂げます。弥太郎の海運業を軸とした三菱財閥は、飛躍的に拡大したのです。

岩崎弥之助

海外で学んだ知識で「海」から「陸」の王に

岩崎弥太郎に比べると、その弟の弥之助の知名度は低いかもしれません。
しかし、この優秀な「二代目社長」がいなければ、三菱財閥は弥太郎の死後、間違いなく空中分解を引き起こしていたでしょう。

弟・弥之助の功績を簡単に言えば、海運業で天下を取った〝三菱〟が、反三菱勢力と海運業で競争し、劣勢に追い詰められたのを和解へ持ち込み、改めて地所事業という陸のビジネスで〝三菱〟を再生、上昇させた、ということになるでしょうか。

――順を追って、説明していきます。

まず、〝三菱〟の創始者である弥太郎は、ハングリー精神を糧に、ガッツと直感で道を切り拓き、ついには日本の海運王にのし上がりました。

途中、土佐藩の後藤象二郎、新政府になってからは大久保利通《おおくぼとしみち》(薩摩藩出身)の保護を受け、弥太郎は一代で〝財閥〟を築きましたが、彼は自分には限界があることも知っていました。

それは〝政商〟として、常に保護者を必要としたこと。一方では、体系的なビジネスの知識を身につけていないこと。最先端の欧米列強の技術や生活を、自分の目では見たことがないことなどでした。

一代で財閥は築いたけれど、これを受け継がせる人物には、自分になかった部分を補ってほしい――。

そう願っていた弥太郎は、弟の中でも優秀だった弥之助に、勉強するための援助をしつづけました。

まず、慶応三年（一八六七）に、土佐藩の藩校「致道館《ちどうかん》」へ入学させます。

地下浪人だった弥太郎は、正規の藩の教育を受けられませんでしたが、彼が出世したことで、弟は藩校に学ぶことができたのです。

そして明治二十五年（一八七二）には、弥之助をアメリカ留学させています。弥之助は一年七ヵ月の間、海外で最先端の文化やビジネスに触れました。

ところが、最新の知識や価値観を採り入れて、弥之助が帰国した時、〝三菱〟は創業以来の最大の危機を迎えていました。

弥太郎に敵対する勢力が、大久保利通の後継となった伊藤博文（長州藩）がバックにいる〝三井〟と組んで、露骨な〝三菱潰し〟を敢行したのです。「共同運輸会社」という海運業の会社を立ち上げ、〝三菱〟の船よりも安価で人や物を運んだのです。

弥太郎は「負けてたまるか」と、こちらも値段を下げ、格安戦争を受けて立ちました。

最終的には価格が従来の十分の一ぐらいまで下がり、利益など出ない状態で、意地の張り合いはつづきました。しかもその最中に、弥太郎が亡くなったのです。

ニューヨークの街を東京に再現した

――最悪のタイミングで、バトンを託されたのが弥之助でした。

一刻も早く格安戦争をやめるべきだ、とはわかっていましたが、従業員たちは「先代・弥太郎の弔い合戦だ」と熱くなっています。ここで引こうものなら、内部分裂は必至です。

弥之助は考えました。まず社内には、「亡き兄の遺志を継ぎ、海運業を拡張する」と明確に宣言します。

そのうえで、土佐藩の有力者だった後藤象二郎に連絡を取り、敵対勢力との和解の道を探ってもらいます。

実は、有利に見えた共同運輸も経営は苦しかったのです。十分の一まで運賃を下げれば、従業員やメンテナンスなどの、コストも削らざるを得ません。

そんな状態で競い合っていたため、船の衝突事故が急増していました。政府としても海上交通の安全性として、看過できる状況ではありません。これ以上、値下げ競争がつづいていたら、共倒れになっていた可能性もあります。

弥之助からの和解の申し出は、政府にとっては渡りに船でした。〝三菱〟と共同運輸は合併して「日本郵船会社」という新しい運輸会社となります。初代の社長は、旧・共同運輸の社長を横滑りさせることで、〝三井派〟の顔を立てたのです。

合併という一見、対等な決着でしたが、多勢は新会社のトップが〝三井〟側であったことから、〝三菱〟の降参と見て、「これで三菱は終わった」と思った人も多かったようです。

これから〝三菱〟はどうするのだろうか、と心配した人も少なくありませんでした。なにしろ、海運〝三菱〟の従業員、船員、船舶の大半は、合併した新会社に移ってしまっています。

この時、〝三菱〟に残ったのは、吉岡鉱山（現・岡山県高梁市）と付属の銅山、高島鉱山（現・長崎市）、長崎造船所ぐらいでした。

しかし、この時点で弥之助は発想を変えていたのです。それも百八十度の転換です。

海ではなく、陸で商売を始めることを決めていたのです。

まず彼は、新会社の株を売ります。その資金で東京・大阪・神戸の市街地を、次々と購入しました。

典型的なのは、東京の丸の内です。ここは江戸時代には大名屋敷が並んでいたエリアで、市区の調整で市街地になっていましたが、その割に使い道がなく、兵隊の教練場となっていました。

にもかかわらず、ほかの土地と比べて高値でした。しかも政府の方針で、バラ売り、分割ではなく、一括購入が条件だったため、誰も手を出さない場所だったのです。

その広大な土地を、弥之助は一括で購入します。

驚いた人々が、「いったい何に使うのですか?」と尋ねると、弥之助は、「そうですなァ、竹を植えて虎でも放し飼いにしますか」と答えたそうですが、これは無論ジョークです。

彼にはニューヨークなどの大都市で目にしてきた、「近代的なオフィス街」を、日本にも創るアイデアがありました。海外の大きな区割りや建物を見て、勉強してきたことを活かそうとしたのです。

弥之助は丸の内を開発して、「一丁ロンドン」、あるいは「三菱村」とも呼ばれるオフィス街を、数々と構築しました。

さらに硝子、保険、鉄道業にも参画して、多角経営を展開していったのです。

弥之助が〝三菱〟を再建できたのは、海外を見て回り、勉強してきたおかげでした。とはいえ、ただ海外に行けばいいというものではありません。

明治以降、多くの公家や大名の子息も、海外へ私費留学をしています。けれども、帰国後に、その体験を活かした人物はほとんどいませんでした。

周囲から「立ち小便でもしに行ったのか？」と揶揄《やゆ》されるくらい、帰国後の彼らは何にもできませんでした。

せっかく新しいものを見ても、「アメリカはすごいなあ」と驚き、新しいものや珍しいものを楽しんだだけです。それでは勉強にはなりません。

弥太郎は具体的に、〝三菱〟に活かせるものはないか、といった「問題意識」を持って、懸命に海外で学びました。

商売を始めていた兄・弥太郎の役に立つために、アメリカの合理的かつ先端のビジネスを学ぼうと取り組みました。その結果、多くのものを吸収し、商売に活かすことができたのです。

さぞや、あの太々《ふてぶて》しい弥太郎も、草葉の陰（墓の中）でこの弟に手を合わせて、感謝したことでしょう。

山田方谷

江戸時代・最高の財政家の勉強法とは？

現在、岡山県の伯備《はくび》線には「方谷《ほうこく》」駅があります。これは、日本で最初に人名を由来としてつけられた駅名だそうです。

駅名の由来となった人物は、山田方谷です。幕末、備中松山藩板倉家（五万石）の家老を務めた人ですが、知らない人も多いでしょう。

しかし、彼こそは江戸時代の最高の財政家であり、〝日本のケインズ〟と称された人物でもあります。

十万両という莫大な負債を、藩政改革六年目にして返済し、八年後には十万両を改めて蓄財した手腕の持ち主なのです。

それを可能にしたのは、山田方谷の学びでした。まずは、どのような人物だったのかを紹介していきます。

方谷の実家は、製油業も営む農家でした。幼少の頃から学問好きの方谷に対して、藩主はよくできる、と奨学金を出し、藩の学問所で学ばせてくれました。しかも、二十三歳のおりには、はじめて京都に遊学もさせてもらいました。

その後、江戸に出た方谷は、活気のある街を目の当たりにして、時代を動かしているのは、実は経済だ、と感じます。そして経済の勉強に打ち込みました。儒学者・佐藤一斎の下で『理財論』を勉強し、論文まで書いています。

方谷は二十歳で武士に取り立てられると、藩の軍制改革などに携わります。そして四十五歳の時に、藩財政の建て直しを命じられます。しかし、そこで初めて帳簿を手にした方谷は驚愕します。

備中松山藩の石高は、前述したように五万石でしかありません。ところが計算してみると、年間でたった二万石にも満たない収入しか、実際にはありませんでした。

収入が五分の二しかなければ、収支は合わず、財政破綻は必至です。事実、毎年の借財は積もりに積もって十万両に達していました。

当時、備中松山藩に限らず、多くの藩が財政難に苦しんでいました。原因は、経済システムの欠陥にありました。

江戸時代の経済は、米本位制（米の価格を基準として回る経済）でした。

米本位制の欠点は、お米の価格が取れ高によって毎年変わってしまうのに、一方でいつしか発達した銭＝貨幣の価値は一定であることでした。不作の年が二、三年つづけば、あっという間に借金が膨れ上がってしまうのです。

多くの藩では、質素倹約に励むことで対処しようとしましたが、それにも限度があります。ことごとくが失敗、財政破綻となっています。

あるいは、幕末の薩摩や長州のように、外国との密貿易で収入を増やした藩もありました。経済の仕組みの枠の外に出て、非合法の形で稼いだわけです。

ところが方谷は、誰もやっていない第三の方法で、この難題を解決したのでした。

商人の儲けの仕組みを徹底的に研究

彼は考えました。武士はお金がなくて困窮しているが、一方で商人は儲かっているではないか。方谷が実際に見てきた京・大坂の商人は、あんなにも裕福に暮らしているではないか、と。

方谷は、商人の儲けの仕組みを徹底的に研究しました。商人に学んだのです。

そもそも、大名の年貢米は大坂の蔵屋敷に集められ、商人たちがその年の不作、豊作をにらんで、米の相場を決めていました。

つまり、諸大名は先に米を一括で買われてしまって、その後、商人たちが相場で米の価格をコントロールして儲けていたわけです。

そこで方谷は、「わが藩は大坂の蔵屋敷を廃止する」と宣言します。そして領内に保管した米を適宜、放出する方針に変えたのでした。

藩で獲れた米を一度に売らず、大坂の相場で売り買いして儲けを出せばいい、と考えたのです。つまり米相場を、武士が張ったわけです。

現代人からすれば、何を当たり前のことを、と思うかもしれません。しかし、当時は封建制度において、商人はいやしい職業だと言われていました。

商人のようにお金儲けを考えるなんて、武士にとってはけがらわしいこと、と考えるのがふつうでした。ですから、どうすれば売買で儲けが出るか、などという発想自体が武士には浮かぶはずもありません。

しかしながら方谷は、元々農家の出であり、父親は農家でありながら油を売る商人でもありました。物を高い値段で買ってくれる相手に売れば儲かる、ということを知っていたのです。

そのうえ、江戸で経済の勉強をしてきたので、理屈や原理も商人より以上に、よく理解していました。

言ってみれば方谷は、商人と同じことをしただけなのです。

しかし簡単に見えても、徳川幕府の時代に、このやり方を実行した藩はほかにありませんでした。

方谷が仕掛けたのは、米相場だけではありません。

藩による「専売制」も導入しました。彼が生み出したのは、備中鍬《びっちゅうぐわ》です。この鍬はふつうの鍬と違って、刃に土がつきにくく、長くて重量もあるので、水田、あるいは粘土質の土地で用いるのに適していました。

松山藩は元々、良質な鉄の産地でした。その鉄で鍬を作る。従来なら、その鍬を売るのは商人でした。

しかし方谷は、すべての鍬を藩で一旦買取り、江戸まで運んで、備中松山藩の名産として売る仕組みに変えたのです。

方谷は経済的に大成功して、藩の財政を大いに建て直しました。農家の出身でしたが、最終的には筆頭家老にまで出世しています。

時代は幕末――。方谷の備中松山藩は、藩主・板倉勝静《かつきよ》が十五代将軍・徳川慶喜《よしのぶ》政権で筆頭老中に出世していました。将軍慶喜の大政奉還の文章は、山田方谷が草したものと言われています。

彼の主君・勝静は、徳川将軍家に対する恩顧から、最後の箱館（現・函館）まで薩摩・長州をはじめとする官軍に抵抗しますが、方谷は藩の領民の難儀を救うため、主君勝静を無視して、早々に官軍に降伏しました。

おかげで備中松山藩は救われ、国賊にならずにすみました。方谷ははからずも主君を支持しなかった責任を感じ、隠棲《いんせい》します。

明治新政府からは何度も召し出しの声がかかりますが、ついに仕官しませんでした。ですが、もしも方谷が大蔵大臣にでもなっていたなら、その辣腕を振るい、また違う明治日本を築いてくれたかもしれませんね。

大倉喜八郎

一か八かのビジネスに行き詰まり、海外へ

仕事や人生で行き詰まってしまった時ほど、勉強したことが活きてきます。活用できない学びは、本来ありません。学んだことから、現状打破のヒントが見つかるものなのです。

大倉財閥の創設者・大倉喜八郎も、学びをヒントに危機を突破しました。

喜八郎の生家は、越後の名主でしたが、彼は商人を志し、十八歳で江戸へ出ます。鰹節屋で働き、独立して乾物屋を始めますが、なかなか儲かりません。

大金持ちになるためには、資本（資金）が必要ですが、喜八郎にはそれがないため、大商人にはなれなかったわけです。

ふつうの人なら、致《いた》し方なし、と諦めるところですが、彼はそこが尋常ではありませんでした。なんと、〝生命《いのち》〟を資本に置き換えたのです。

喜八郎の生涯は、博奕《ばくち》打ちのように、〝利益〟か〝生命〟か――。常にこの二つを賭けての、勝負の連続となったのでした。

イメージとして近いのは、戦国の世を統一した豊臣秀吉でしょうか。名門の出自、家柄、一騎当千の武力――それらを一切持っていない秀吉は、捨て身の知恵で、人生の勝負に出ました。

若い頃の喜八郎が、いかに〝利益〟か〝生命〟かの二択をやったか、物語るエピソードをいくつか紹介しましょう。

幕末、喜八郎は鉄砲商を始めます。治安は乱れ、内憂外患の日本では鉄砲の需要は十二分に見込めました。

しかし、大儲けできるとわかっているのに、当時の鉄砲商はいずれも店を閉めています。商いは、生命あっての物種だからでした。

血気盛んな武士たちが、市中で暴れている物騒な世の中でしたから、当然の判断と言えたでしょう。

そんな不穏な中で、店頭に鉄砲など並べていたら、略奪されかねません。買いに来た客から、代金を回収できる保証さえないのです。

それどころか、生命まで狙われかねません。だからこそ、ある程度の金を儲けた鉄砲商は、さっさと店仕舞いをしていたのです。

そんな状況こそチャンスだ、と考えたのが喜八郎です。彼は基礎を学ぶため、鉄砲商に入店して勉強します。鉄砲商に丁稚奉公で入って、朝から晩まで働き、なんと四ヵ月でノウハウを身につけて独立したのでした。

当時三十歳。鉄砲は単価が高いため、何丁も仕入れて在庫として持てるほどの資本が、喜八郎にはまだありませんでした。

そこで、店の入り口に、非売品の玩具のような銃を置き、客が来たらまず手付金をもらって、一日待ってもらいます。

そのうえで、手付金を持って、横浜の外国商館まで鉄砲を買いに行きました。早駕籠を使って、小塚原を往復したのです。

小塚原は処刑場ですから、首を斬った死体が並んでいます。当然、人は近寄らないので、山賊や筋の悪い連中がたむろしたり、横行しています。そんな場所を、喜八郎は夜中に何度も通って、横浜から帰ってきたわけです。

いつ襲われてもおかしくない状況です。喜八郎は仕入れた鉄砲に実弾を込め、身構えながら駕籠に乗っていたといいます。

客の注文があれば、毎晩でも往復しました。ふつうの感覚では、できることではないでしょう。

そうやって自分の生命を張りながら、少しずつ貯めたお金を使って、より大きな武器弾薬を動かせるようになっていったのです。

アイデアを求めて社長自ら欧米へ

さらに、戊辰戦争の最中にも、凄まじいエピソードがあります。喜八郎のもとに、勤王方の津軽藩から、大量の鉄砲・火薬の注文が入りました。

ただし、「わが領地まで運んでくれたら、代金を渡す。代金はお金ではなく、お米で払いたい」という依頼でした。当時の奥州は、津軽藩以外の各藩はことごとく佐幕派でしたから、周りは敵だらけです。

そんな中を、鉄砲を運んでいたら、見つかって生命を取られるか、すべての積荷を没収される恐れがあります。ましてや、お米で代金を支払われても、無事に持って帰れる保障はどこにもありません。

当然、喜八郎の使用人たちは反対しました。ところが喜八郎は、「生命をかけずに、どうやって儲けられるんだ！」と言い放ち、この無謀とも思える商いを強行しました。

彼はまず、アメリカの船をチャーターし、アメリカ国旗を掲げて武器を運びました。なんとか、津軽までは無事に着いたのですが、大きい船を浅瀬に入れることはできません。

分割して小舟で下ろしたくても、小舟はことごとく諸藩に徴収され、小舟が手に入りません。

そこで喜八郎は、寺を回って、住職たちから袈裟を買い集めました。袈裟の材料には、金帛《きんぱく》(金と絹)が使われています。その金帛の切れ端を、偽装した官軍の制服の肩につけ、ニセ官軍となって、小舟を集めたのでした。

従者は「もし本物の官軍にバレたら、殺されます」と諫めますが、喜八郎は「この取引ができなければ、赤字で首をくくらなければならん」と取り合いません。

途中、官軍や諸藩の臨検に引っかかりましたが、対応はアメリカ人の船長に任せて、喜八郎は船底に隠れ、おにぎりを食べていました。

従者がこういう時に、よく食べられますね、とあきれ顔で言うと、喜八郎は「今だから食べることができる。死んだら食えぬ」と答えたそうです。

結果的に、武器弾薬を陸に下ろすことができ、お米を回収して、どうにか無事に生還しました。

常人には到底できない芸当を、次々にやってのけて、喜八郎は成功の階段を上って行きました。

生命を張って成功を摑んできた喜八郎ですが、三十六歳で岐路を迎えます。世の中が変わり、今までのやり方が通じなくなったのです。

旧幕府と新政府との戦争は終わって、平和な時代が訪れました。乱世でこそ武器商人で儲けられましたが、平穏な世ではどんな商売をしたら儲かるのか、皆目、見当がつかなくなったのです。

ふつうなら「俺もここまでか」「ま、ある程度は儲けたし」と諦めることでしょう。

しかし、喜八郎は欧米諸国に自ら通訳を連れて、勉強をしに行こうと決意します。

当時は海外に行くには、家が何軒か建つほどのお金が必要でした。しかも、一度行ったら一年以上は見て回るのに時間がかかります。

常識として、企業のトップが行くなんて考えられません。先述したように岩崎弥太郎は本人ではなく、弟の弥之助を海外に行かせています。

でも、喜八郎は自分自身が海を渡りました。

自分のウリであった、〝利益〟か〝生命〟かの商売スタイルは行き詰まってしまった。だから、自分自身に新たなインプットをしなければならない――。

喜八郎は欧米巡覧で、まだ日本にないものを見つけてこようとも考えていました。

それを日本で販売して儲けよう、と決めていたのです。

その一つが「アーク灯」であり、これを彼は日本に持ち帰りました。

ガス灯やランプしかなかった日本では、それよりも明るいアーク灯は珍しく、銀座で灯すと「昼間のように明るい！」と日本中の人々を驚かせました。日本で初めて電気による街灯を設置したのは、喜八郎だったのです。

さらに、欧米を巡る中で着想を得た、帝国ホテル、ホテルオークラ、帝国劇場など、新たなビジネスを次々と始め、成長させました。

また、イギリスでは岩倉使節団と一緒になります。

喜八郎は、わざわざ単身で勉強しにきた面白い日本人として、政府の首脳たる大久保利通や岩倉具視《いわくらともみ》（公家出身）、木戸孝允（長州藩出身）、伊藤博文（同上）らに認められます。

その後、明治政府に名を知られるようになった喜八郎は、ついに〝大倉財閥〟を一代で築くことに成功しました。

もっとも、〝利益〟か〝生命〟かの二者択一で隆盛を極めた〝大倉〟は、喜八郎の死とともに、衰亡を余儀なくされてしまいます。

いったい誰が、喜八郎のような〝生命〟を資本とした博奕を打てたでしょうか。

三十九歳で二十歳下の妻を娶った喜八郎は、九十二歳まで生き、昭和三年（一九二八）四月にこの世を去っています。

浅野総一郎

タダで仕入れて大儲け！　失敗から学んだセメント王

失敗を糧として、次の成功のヒントを学ぶ――。

言葉にするとシンプルで普遍的な法則ですが、実際にどこまでやれるかは、また別の話です。とくに失敗が何度もつづけば、自信を失い、学ぶどころか、ヤル気まで失うのが人間ではないでしょうか。

その意味では、〝浅野財閥〟の創始者で、日本の「セメント王」と呼ばれた浅野総一郎は、徹底して失敗から学んだ不屈のビジネスマンと言えるでしょう。

あまりの失策つづきに、周囲からは〝損一郎〟とまで揶揄《やゆ》されています。しかし彼は、最後には大きな成功を手にして、巨万の富を得たのです。

飛躍の理由は、ただ失敗を重ねるだけではなく、その敗北から学び、その都度、視点を変えた点でした。


浅野総一郎の若い頃は、事業を手がけるたびに失敗を重ねていました。縮帷子《ちぢみかたびら》、醤油、縮織《ちぢみばた》、畳、筵《むしろ》、酒など何を扱っても、運転資金がつづかず失敗、倒産。ついには高利貸しに金を借り、その返済ができずに、故郷を夜逃げ、総一郎は江戸に出ます。

路上で砂糖水を売り、横浜に出て醤油屋の小僧になった彼に、あてがわれた仕事は味噌を竹の皮で包む作業でした。ふつうの人ならば、単なる労働なのですが、毎日、味噌を包むうちに、総一郎は気づいたのです。

この竹の皮は、田舎では捨てられているものだ、と。江戸や横浜では味噌を包む役に立っているけれど、田舎ではゴミとして捨てられていた、と。

自分がこれまで商売で失敗してきたのは、仕入れや在庫管理、運転資金などの費用がかさみ、それを収入で賄い切れなかったからではないか……。

ここで総一郎のコペルニクス的発想の転換が行われました。

「では、もし仕入れが〝タダ〟であったなら、収入がすぐに利益になるのではないか」

総一郎は田舎に行って、竹の皮を集めて回ります。当時はそこら中に竹の皮が捨ててあったので、タダ同然の値段で大量に手に入りました。

その竹の皮をキレイにして、丁寧に伸ばして、商品化すると、タダ同然で仕入れたとは思えない金額で売れました。

さらに大量に仕入れるため、千葉のタケノコ産地まで足を伸ばし、ひたすら竹の皮を集めて売り、ついには一軒の店舗を構えるまでになります。

勢いづいた総一郎は、次に横浜瓦斯《ガス》局（東京ガスの前身）が廃棄物として処分に苦労していたコークスとコールタールに注目します。

この二つは、当時のエネルギーの中心でした石炭を、燃焼させた後に残るものでした。まだ明治八年（一八七五）の日本では、これらの利用法が知られていませんでした。

しかし総一郎は、コークスとコールタールには必ず使い道があるはずだ、と考えました。

そこで、石炭を使っている町工場や、コークスに詳しそうな技術者に会いに行き、知見を求めました。

そして、その結果、「外国でコークスは火力燃料に用いられている」ということを突き止めたのです。

専門家に話を聞きに行き、耳学問を重ねた

思いついたら即行動するのが、浅野総一郎です。

工部省深川工作分局のセメント工場に、「石炭より安いコークスを燃料で使わないか」と話を持ち掛けました。

そこで工場が試験的にコークスを使ってみると、セメントを焼くのに十分な火力を

得られることが判明。商談は成立し、総一郎は急いで、廃棄物扱いだった数千トンものコークスを破格の安値で仕入れました。

時代も総一郎に味方しました。この頃、西南戦争が勃発し、汽船の運航は石炭だけではまかなえず、コークスも燃料として求められるようになったのです。

トンあたり五十銭（現在の価格で約一万円）で仕入れたコークスが、最終的にはトンあたり七十円（現在の価格で約百四十万円）まで高騰。まさにボロ儲けの状態となりました。

総一郎はもう一つの廃棄物であるコールタールも、防腐剤として活用、収益を上げています。

そんなおり、彼は以前、コークスを売り込みに行った工部省の深川セメント工場が、採算ベースに乗らず、多額の赤字を計上したことから、売りに出されることを聞きつけます。

セメントというと、後世の私たちには、需要があるだろうに、と判断できますが、当時は「レンガの接着剤」程度の認識でしか使われていませんでした。

総一郎は、本当にその程度のものなのかと疑問に思い、再び専門家たちに話を聞いて回ります。すると、価値はもっと大きいという感触を得ました。

これはチャンスだ、と思い、彼はセメント工場の払い下げに名乗りをあげました。

しかし、ここで強力なライバルが現れます。

巨大財閥である〝三井〟や〝三菱〟も入札しようとしていたのです。とはいえ、彼らはセメント工場を経営するつもりはなく、工場用地を倉庫や別荘として活用するつもりでした。

「セメント工場はセメントを作るためにある」

執念で勝る総一郎は、財界の大御所・渋沢栄一《しぶさわえいいち》の助力を得て、ついにセメント工場の払い下げに成功したのです。

渋沢の関係した瓦斯会社も、総一郎にコークスとコールタールを引き取ってもらったことがあり、それ以来のつき合いが二人にはありました。

「浅野セメント工場」は総一郎の目論み通り、順調に業績を伸ばし、皇居の造営や小樽の築港、鉄道建設などにも貢献し、業績を伸ばしていきます。

その後も港湾開発、海運、造船、鉱業、電力などにも事業を広げ、ついには〝浅野財閥〟を創出しました。

何度失敗しても決して諦めず、その都度、視点を変えてチャレンジ。わからないことは詳しい人に話を聞きに行き、〝耳学問〟を重ねました。その姿勢を貫いたのが、浅野総一郎の成功を支えた〝学び〟と言えるでしょう。

本田宗一郎と松下幸之助

人生は終生勉強——学ぶことで人は成長する

ここまでは主に、明治時代に財を築いた起業家の勉強法＝人生の立ち向かい方を紹介してきました。

最後に、昭和の名経営者と言われる本田宗一郎と松下幸之助の二人が、どのような勉強をしたのかについて、触れたいと思います。

仕事に行き詰まると学校に通って学んだ

まずは、本田宗一郎から紹介します。

彼は、好きなことに特化して学んだ人です。元来、技術系の人間は幅広く学ぶというよりも、特定のテーマを深掘りして勉強する傾向があります。

宗一郎も同様でした。彼は子どもの頃から機械をいじることが好きで、いつしかエンジンの魅力に憑りつかれてしまいました。

彼は高等小学校を卒業後、故郷・静岡県浜松市から上京。自動車修理工場「アート商会」に就職します。

当時の「アート商会」には、あらゆるメーカーの輸入自動車が持ち込まれ、修理を任されていました。

それら一つひとつの修理が、宗一郎にとっては高度な技術を習得する実践の場となったのです。

この時期からすでに彼は、払い下げられた外車をレーサー仕様に改造して、オートレースにメカニックとして参加していました。のちに〝ホンダ〟がレースにこだわりつづける原点はここにあったとも言えます。

懸命に働き、楽しみながら学んだ宗一郎は、二十三歳で暖簾分けを許され、故郷に「アート商会 浜松支店」を開業しました。

五十人もの工員を抱え、大学の銀行員の初任給が七十円の時代に、毎月一千万円以上の儲けを出すほどに羽振りがよかったそうです。

ところが、二十八歳の時に突然、店を閉めてしまいました。

本人いわく、「車の修理技術を教えた工員たちが独立して、同じエリアで客を取り合うのが嫌になった」と言うのです。

その後、宗一郎は通信機の小型エンジンを使って、自転車に補助動力として取り付ける「バタバタ」の製造に着手します。オートバイのメーカーとして、世界を席巻する〝ホンダ〟の誕生《スタート》です。

これと同じものは、すでにイギリスで作られていましたが、日本では誰も作ることができませんでした。それを宗一郎は独創で作り上げたのです。

本田宗一郎を勉強家と言えるかどうかは、判断が分かれるかもしれません。自分の好きなことに熱中した技術マニアであり、勉強とはあまり縁のない人生だった、と思う人もいるでしょう。

しかし、彼は製造や開発に行き詰まった時は、浜松高等工業高校（現・静岡大学工学部）の聴講生となり、学生たちに交じって学びました。当時、宗一郎はすでに三十歳を過ぎていましたが、学生服で通学していたといいます。

現在も、社会人大学で学ぶ人はいますが、海外に比べるとその数はかなり少ないと言われています。

しかし、本来は社会人こそ学ぶべきことがたくさんあるはずです。仕事のこと、将来のこと、社会のことを真剣に考えたら、勉強しなければならないことは、たくさんあるに違いありません。

自分にとってそれは何か、本田宗一郎のように夢中になって学べるものは何か。

人生は今や、百歳時代を迎えています。今から考えても決して遅い、ということにはなりません。

経営の神様の口ぐせは「終生勉強」

〝経営の神様〟と言われた松下幸之助の口ぐせは、「終生勉強や！」でした。

ここで言う勉強とは、学校教育だけではなく、社会に出てからも学び、吸収していくことを意味していました。

実際、幸之助自身、父親が商売で失敗したため、小学校を四年で退学し、大阪の火鉢屋に働きに出ます。

その後、自転車店で六年働いた後、大阪電灯（現・関西電力）に転職。屋内配線工事の助手に採用されました。

必死で勉強した彼は、三ヵ月という異例の早さで担当者に任命され、二年後には検査員まで昇格しました。

幸之助は、簡単に電球を取り外すことができる電球ソケットを考案します。しかし、試作品を作っても、上司の主任はこれを商品化することを認めてくれませんでした。

そこで大正六年（一九一七）、幸之助は会社を辞め、起業します。彼は小売店に無料で商品を置いて回り、自社製品の価値を知ってもらうよう努力しました。

ブレイクしたのは、昭和二年（一九二七）に初めて「ナショナル」の商標をつけた角型ランプでした。大ヒット商品になりました。

その後の松下電器産業の成長は、皆さんもご存知でしょう。現在はパナソニックと名前を変えて、頑張っています。

一方で、後年の幸之助は、人材育成にも力を注ぎました。それも一企業という枠を越え、有名な「松下政経塾」を創設しました。これまでに政財界に、多くの人材を送り出しています。

幸之助は、志のある人たちに、学びの場を提供したのです。

歴史を振り返ると、自らビジネスを起こし、財を成した起業家の中で、一流と呼ばれた人々は、社会貢献に乗り出すことが多かったように思います。

若い人に学びのチャンスを与えて、次の世代を育成し、天下国家のために尽くす。

先に紹介した大倉喜八郎も、後年は大倉商業学校（東京経済大学の前身）を作り、学校教育に出資しています。

学ぶことの大切さが身に染みてわかっているからこそ、若い人たちにそれを伝えたかったのだと思います。

天下人の勉強法㈡

織田信長を反面教師にした豊臣秀吉

豊臣秀吉が学んだのは、主君・織田信長です。ただし、信長を〝反面教師〟として学んだ面が、強かったように思います。

例えば、有名な〝比叡山の焼き討ち〟で何を学んだか。

この時、信長は天台宗総本山の比叡山延暦寺に対して、総攻撃をかけました。山に火をかけ、逃げる者は女、子どもまで皆殺しにする命令を出したのです。命令に従い、同僚の明智光秀は女子どもも容赦なく殺しました。

一方、秀吉は女子どもには「早くこちらから逃げろ!」と言って、囲みから脱出させています。

僧兵は討ち取っても、女や子どもまで殺す必要はないだろう……。秀吉は信長に対して、健全な批判精神を持っていたのです。

反対に光秀は、信長のやり方に疑問や不満を抱くことなく、自らも率先して〝焼き討ち〟に荷担しました。

ところが、信長より六歳か、最大で十八歳の年上だった光秀は、心身ともに疲れがたまり、最愛の妻を病で失い、同僚たちの相次ぐ静粛、失脚の中で動転し、息切れしてしまいました。

ストレスが限界に達し、「本能寺の変」という形で暴発してしまったのです。

天下統一を果たしたのは、信長を反面教師として、冷静に見て学んだ秀吉でした。

信長が本能寺で討たれた時点で、織田家が支配していたのは近畿、北陸、東海までです。東北、関東、中国、四国、九州には、未だ強大な敵が幾つも残っていました。

しかし、山崎の合戦で明智光秀を破ってから、秀吉が天下を取るまでに要した時間は、わずか八年です。

なぜ、そんなハイペースで、天下統一が実現できたのでしょうか。
それは、敵を〝許した〟からです。そこが信長のやり方とは、決定的に違いました。

信長は逆らう人間を、次々と殺して突き進みました。しかも、一族郎党まで徹底的に潰すのです。

時には、降伏してきた相手さえ許さず、攻め滅ぼしたこともありました。これでは、敵対した大名は、戦いつづけるしか選択肢がなくなってしまいます。

そんな信長のやり方では、天下統一を成し遂げるまでに何十年もかかってしまう。仮に成し遂げられたとしても、滅ぼされた家の関係者の恨みは永遠に残るだろう……。

秀吉はそう考えました。

だから彼は、相手が降伏を申し出てくれれば受け入れました。当主に切腹させず、領土もできる限り削らずに済ませました。戦わずに降った大名には、領土を増やして与えています。

中国地方を支配していた毛利家や四国をほぼ制覇していた長宗我部家は、昔からの領土を安堵されました。

九州で秀吉に徹底抗戦を構えた島津家ですら、元々持っていた三ヵ国は削られませんでした。

秀吉は、信長がなぜ〝天下布武〟に失敗したのかを、近くでよく見て学びました。

トップや上司のやり方を見て、自分ならどうするかと考えることも重要な勉強です。

〝守破離《しゅはり》〟という言葉を、ご存知でしょうか。武道の世界でよく使われる言葉です。

道を極めるには、三段階あるという教えです。上達する過程において、段々とステージを変えていかねばなりません。

まずは、基礎を学ぶ「守」。教えられたとおりにやってみる。

そして、ある程度、理解できるようになったならば、自分にとってこのやり方が最適かどうか、を考える＝「破」。

さらに、よりよい結果を出すためにはどうすればいいのかを考えて、創り出していく「離」。

秀吉は信長という強烈なカリスマの側にいながら、武将としてまさに〝守破離〟を体現していた、と言えるのではないでしょうか。

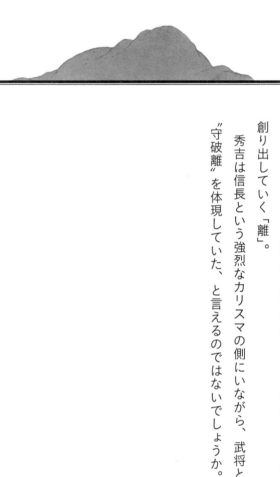

第三章

一流の軍師の「戦略」勉強術

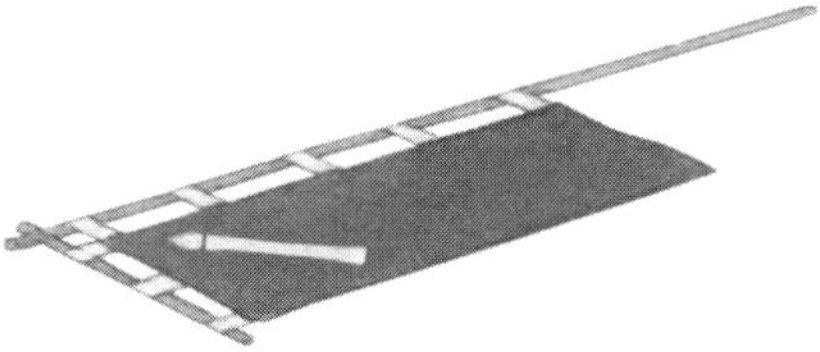

歴史小説や時代劇、ドラマの世界における軍師の活躍は、鮮やかなものです。いかに敵が大軍で迫って来ようとも、それを打ち破る奇策を瞬時に思いつき、「死地」を逆転して勝利を手にします。

しかし、もちろんそれらはフィクションであり、あくまでも物語の世界に過ぎません。史実における軍師は、もっと地道に勉強を重ねて、自軍を勝利に導く努力をしていました。

古今東西の戦法、陣形、戦術を頭に叩き込み、それを実際の戦場の地形、天気、戦う者たちの戦意などに合わせて、応用したのです。

また、戦う前の情報収集も重要でした。敵の戦力を分析し、強み、弱みを探ります。そのためには常に、相手方を観察し、変化に気づく眼を養うことも重要でした。

これらのことは、私たち現代人もビジネスにおいて成果を上げるためには、やらなければならないことばかりです。ビジネスパーソンには一人ひとり、軍師の視点が必要と言えるかもしれません。

一流の軍師は、「勝つための勉強」に取り組みました。具体的な取り組みを、次ページから紹介していきます。

竹中半兵衛

戦術、人心、気配……すべて学んだ天才軍師

戦国時代において、最高の軍師と言われた一人に、竹中半兵衛がいます。

彼はまだ、木下藤吉郎《きのしたとうきちろう》と名乗っていた豊臣秀吉の、軍師の役割を果たし、わずか五年前後で秀吉を、城持ち大名にまで押し上げた功労者です。

「半兵衛が生きていた頃は、どんな状況でも、世の中に難しいことがあると思ったことはなかった」

と、秀吉は半兵衛亡き後に、最大級の賞賛を贈っています。

半兵衛は若い時から、自分は軍師になると決めて勉強していたようです。

大軍を率いる大将や、合戦で先陣を切って活躍する部将になるのではなく、全軍を指揮する軍師を彼はめざしました。

それは、半兵衛が生まれつき病弱だったからです。身体が弱い自分に何ができるか、いわば逆算して考えたのです。

ならば、補佐役——つまりは戦時の軍師になろう、と決めたわけです。彼は古今東西の文献を読み、懸命に戦術を独習しました。

しかし、半兵衛にとって問題だったのは、主君である斎藤龍興《たつおき》が凡将だったことです。祖父の道三から受け継いだ、美濃一国を維持することすら危ういレベルでした。

このまま龍興に仕えていては、自分の寿命は無名のまま、尽きてしまう……。

そんなおり、二十一歳の半兵衛は、岳父・安藤守就《もりなり》を助けて、大勝負に出ます。

いわゆる、〝稲葉山城の乗っ取り〟です。

龍興の本拠である稲葉山城は、天下に名高い堅城でした。この城を半兵衛は、たった十六人の将兵で、しかも一晩で占領してしまったのです。

半兵衛の作戦は、次の通りでした。人質として稲葉山城内に暮らしている自分の弟に、事前に、仮病を使って、寝こむよう指示を与えます。

その弟への見舞いと称して、長持（衣類などの収納箱）に武器を隠して、少数の供《とも》とともに城内に入ったのでした。

そして夜になり、味方の十六名がそれぞれ、事前に調べておいた城の要所を各々、制圧します。突然の奇襲に、城主の龍興はわけもわからぬまま、戦わずに城を逃げ出てしまいました。

織田信長ですら攻めあぐねた天下の名城・稲葉山城を乗っ取ることに、半兵衛は成功したのです。しかも、たった一日で。

まさに『孫子《そんし》』の、有名な「兵は詭道也《きどうなり》」（敵をあざむく奇計が効果的である）を体現した結果です。半兵衛が『孫子』に学んだことは明らかでしょう。

信長ではなく秀吉を選んだ観察眼

稲葉山城の乗っ取りの事実は、またたくまに、近隣諸国にも聞こえます。

すぐに反応したのが、隣国の織田信長でした。「稲葉山城を織田家に明け渡せば、美濃国の半分を与える」と、信長は半兵衛に好条件を提示します。

しかし半兵衛は、この申し入れを受けませんでした。

このおりの乗っ取りは、半兵衛の妻の父である安藤守就を大将として、半兵衛が実務面を補佐したものでした。

安藤は城を奪えば、美濃の国人・土豪たちが自分を支持してくれる、と考えたようです。しかし、城を奪って半年経っても、美濃の国内で半兵衛たちについてくる人間がほとんどいなかったため、彼らは稲葉山城を放棄することを考えます。

おそらく半兵衛は、事前に、複数のシナリオを用意していて、状況次第で策を変えるつもりでいたのでしょう。

実際、半兵衛が織田家と手を組まなかった事実を知った、国主の斎藤龍興は、自ら頭を下げて、城の返還を求めてきました。

「乗っ取り事件に関わった、すべての者の責任を問わない」

という条件で、半兵衛は城を明け渡しました。

当時、すでに信長の専属家臣団制度——銭で足軽を雇い入れ、執拗《しつよう》にくり返し攻め込む——で、防戦一方に追われていた龍興は、たとえ恥をかかされたとはいえ、半兵衛や安藤守就の兵力を損なうわけにはいかない事情があったのです。

一方、半兵衛からすれば、乗っ取りの際、自分の宿敵だった斎藤飛騨守秀成《ひでなり》を始末できました。そして、自分の知謀も天下に示すことができたのです。すでに十分に、乗っ取りの効果があったわけです。あとは局面が変わるのを待つだけでした。

ほどなくして、信長が美濃を併合。その織田家から半兵衛に対して、仕官の話が持ち込まれます。自分の腕を、縦横無尽にふるわせてくれる主君を求めていた半兵衛にとっては、まさに狙いどおりでした。

しかし彼は、信長の能力を買う一方で、その直属の家臣になれば、自身の健康は大きく損なわれるだろう、と危惧していました。

信長は有能な家臣をどんどん登用・活用する分、要求レベルも上がっていき、半兵衛のような軍師は連戦、連戦でこき使われ、寿命を縮めることは明白でした。

実際、同じ型《タイプ》の明智光秀が謀叛を起こしたのは、ブラック企業並みのノルマを課せられたストレスに、大きな一因がありました。

そこで半兵衛は、織田家の中で、自分に合いそうな木下藤吉郎＝秀吉を上司とする方法を考えたのです。

半兵衛の智謀を尊敬していた秀吉は、織田家においては将来も有望。半兵衛は秀吉を動かし、自らの目付として半兵衛をつけてくれるように、と信長に嘆願させたのでした。

形は主君信長の目付とはいえ、秀吉は半兵衛を押しいただくように、意見を何かにつけて求めました。半兵衛が己れの軍才を遺憾なく発揮したのは、言うまでもありません。

敵の狙いを〝気〟で見破る

その後、半兵衛は秀吉の軍師役として大いに活躍しました。

例えば、織田軍が浅井《あざい》・朝倉の連合軍を破った姉川の合戦の直後のこと。秀吉は、浅井家の小谷《おだに》城と対峙《たいじ》する横山城を任されていました。

ある日のこと、秀吉は敵の小谷城から数千騎の兵が南へ向かって出撃する場面を目撃します。秀吉は南下する浅井勢は横山城の背後に回り、小谷城の軍勢と挟み撃ちにするつもりだろう、と判断しました。

「背後に回られる前に、わが軍を出して迎撃するのだ！」

そのように指示しようとすると、半兵衛が止めます。

「誘導されてはなりません。あれはこちらの兵を誘う罠です」

どうしてわかるのか、と秀吉が問うと、半兵衛が答えます。

「あの浅井軍は、〝戦気〟に満ちているからです。わが城の背後に回ってから戦おうという〝気〟ではございません。いますぐにでも刃を交えたい、という〝戦気〟です。わが軍が出撃すれば、逆に迎え撃たれましょう」

「では、このまま見過ごせというのか。万が一、背後に回られたらどうするのだ」

「ご案じ召されるな。当方が兵を出さなければ、やがて、この城へと向かってくるでしょう。むしろ今は、城の守りを固めることです」

半兵衛の指示で秀吉軍は、横山城内の守備を固め、敵襲に備えました。

すると、彼の読み通り、浅井軍は反転して、城に攻めかかってきたのです。迎撃態勢が整っていた秀吉軍は、難なく敵を追い払うことに成功しました。

まさに神のごとき目で、敵の動きをジャッジした軍師・竹中半兵衛。

しかしそれは、超人のような魔術を操ったわけではなく、冷静に相手の〝気〟を捉えただけのことでした。

多くの人が見過ごしてしまう〝気〟の流れを、経験から学び取っていた半兵衛の、偉大さが知れるエピソードと言えるでしょう。

大村益次郎

医師をやめ、自分に向いている兵学を学んだ

幕末の軍師・大村益次郎は、旧徳川幕府軍と薩長二藩を中心とする新政府軍が戦った、戊辰戦争で第一級の軍功をあげた名軍師でした。

彼は、幕末の長州藩の救世主として、歴史に登場してきます。なにしろ、敵対する江戸幕府が、日本中の大名を動員した第二次長州征伐と、旧幕臣が立籠《たてこも》った上野の彰義隊《しょうぎたい》戦争の二つで、味方に鮮やかな勝利をもたらしたのですから。

それほどに兵学に通じた軍略家ですが、益次郎は元々は長州藩士ではありません。いえ、武士ですらなかったのです。彼は村医の倅《せがれ》でした。そんな彼がどうやって、兵学を学び身につけたのか、遡って紹介しましょう。

大村益次郎は村医者の息子として、文政八年（一八二五）五月、長州藩の領内に生まれています（文政七年五月とも）。

江戸時代の医学は「漢方」が中心でしたが、幕末になると「蘭方」（オランダ医学）が徐々に流行《はや》るようになります。

益次郎も大坂の蘭方医・緒方洪庵が主宰する「適塾」（正しくは適々斎塾・30頁参照）に、二十二歳（二十三歳とも）で入門しました。

第一章でも紹介しましたように、適塾には全国の秀才が集まってきていましたが、長崎での語学研修を挟んで、益次郎は二十五歳で塾頭になるほどの成績を修めています。しかも、医学にとどまらず、理化学、数学、洋式兵学、洋式築城、西洋流砲術などの知識も、翻訳を通じて貪欲に吸収していきました。

優秀な成績で塾を卒業した益次郎でしたが、彼はそのまま故郷に戻り、医者となります。ところが、益次郎には医師の適性がありませんでした。今風にいう〝空気の読めない人〟だったことが、災いしてしまいます。

医者にはなにより、コミュニケーションスキルが必要です。患者の気持ちに寄り添ったケア、接客サービスの精神が大切なのは言うまでもありません。

ところが益次郎はそうしたことに、まったく気遣いができない性格でした。仏頂面で愛想がないうえに、「この程度の病気で、医者に来るな」とか、「こんなのは寝ていれば治る」などと、暴言ともとれる言葉を吐くのです。農民主体の患者たちは、益次郎を嫌がり、やがて寄り付かなくなってしまいます。

刀を振るったことのない医者が名参謀に

そのうえ、益次郎が学んできた西洋医学の方式＝治療は、田舎の村民には受け入れられず、次第に彼は、医者をつづける意欲を失っていきました。

そんなおり、適塾での成績を聞いた、幕末〝四賢君〟に数えられた宇和島藩主・伊《だ》達《て》宗城《むねなり》から、「蘭学の教授と兵学書の翻訳をお願いしたい」と益次郎は依頼されます。

〝渡りに船〟で、彼は喜んでその仕事を引き受けましたが、そのうち自分は医学よりも兵学に向いていることに気がつきます。都合よく、幕府からも洋式兵学を指南してほしい、との希望があり、益次郎はますます新式の兵学にのめり込んでいきました。

世間に名を知られるようになり、益次郎はようやく長州藩の目にも止まり、藩は益次郎を江戸から呼び戻します。藩士の桂《かつら》小《こ》五郎《ごろう》（のちの木戸《きど》孝允《たかよし》）が、ぜひに、と藩に推薦してくれたのでした。

幕末、長州藩の軍勢が他藩に先駆けて洋式化し、最新兵器によって、合理的な戦い方ができるようになったのは、すべて益次郎の進言と、訓練の賜物でした。

藩内で頭角をあらわした彼は、幕府の第二次長州征伐の際には、ついに藩の総指揮官へと抜擢されます。

「刀を振るったこともない藪医者が、参謀とは笑わせる」

さすがに、彼を軽蔑する藩士も少なくありませんでした。

たしかに益次郎は、剣術をしたことがありません。戦《いくさ》の経験、実績はゼロです。村の百姓身分の医者が、机上の学問だけで、藩の実戦のトップとなってしまったわけです。

にもかかわらず、益次郎は長州藩領の四境《しきょう》から攻めてくる幕府軍を、次々に蹴散らしました。とにかく、益次郎の立てた作戦は百発百中で成功するのです。

最初は馬鹿にしていた藩士たちも、「あの人こそ、諸葛孔明の再来だ」と褒めたたえました。

それにしても益次郎はなぜ、実戦にも強かったのでしょうか。そこには彼の弱点が長所となったことが、大きかったかもしれません。〝空気を読めない〟ことが、逆に強みになった部分があったように思います。

ふつうの人間は、この戦法がいいとわかっていても、自分は未経験だからとか、新人だからといって、つい遠慮してしまいます。本当は精強なA部隊に任せたいけれど、頼みづらいからB部隊にお願いする――などということも、あったでしょう。

しかし益次郎に関しては、そうした遠慮や忖度《そんたく》、葛藤《かっとう》が一切ありません。勝つために最適の行動を躊躇なく、最短で取れるわけです。その典型が上野寛永寺の寺領（山内）に立籠った彰義隊を、わずか一日で撃破した上野戦争です。

躊躇なく命令できたのは弱点のおかげ

西郷隆盛率いる官軍が江戸に入り、最後の将軍・徳川慶喜は水戸へ謹慎し、江戸城は無血で開城の運びとなりました。

しかし、あくまでも負けを認めない一部の幕臣が、佐幕派の諸藩の藩士たちと、寛永寺に集結し、「彰義隊」と名乗って、抵抗する挙に出たのです。彼らは死をも辞さない、気骨のある連中です。官軍もなかなか、手を出しあぐねていました。なぜならば、鎮圧に失敗すれば、江戸無血開城の成功が無効となり、戦線が一気に広がる懸念があったからです。

対応に困った官軍は、こともあろうに彰義隊士たちに、「江戸市中の治安をよろしく」と任せてしまったほどです。

もちろん、官軍の中には強硬論もありました。人数でも、火力でも優っているのだから、総攻撃で彰義隊を片づけてしまえばいい、という意見です。

しかし、官軍の上層部が危惧していたのは、戦いが長引いた場合、その混乱に乗じて彰義隊に呼応する人達が、江戸市中に火をつけて回ることです。もし夜間に放火されれば、地の利のない官軍には、どれだけの犠牲者が出るかわかりません。江戸市民も然《しか》りでしょう。

せっかく江戸城を無血開城させたのに、江戸市民の血を無為に流せば、新政府が政権を握った後で苦労することは明白です。こうした事情で、上野では異様な膠着状態が生まれていたのです。

焼け野原となれば、その復興をしなければなりませんが、新政府にはその財源がありませんでした。

そこに登場したのが、長州藩の総指揮官である益次郎でした。彼はまず、江戸で雨がよく降る日を調べます。雨天なら、仮に火をつけられても、市中が大火事になることはありません。

江戸城の天文方では、何百年もの天気を記録しています。それを調べて、必ず雨が降っている日を割り出し、その日を総攻撃と定めました。

上野の山の周りを囲む各要所に、各藩兵＝官軍を配備し、街道にあるすべての往還を遮断しました。そのうえで寛永寺の三方を固め、一ヵ所のみ逃げ道をつくっておいたのです。

そして、官軍最強の薩摩藩兵を、正面の黒門口を攻める担当に指名しました。

益次郎は薩摩藩に対して、一切遠慮なく、敵の拠点に「真正面から打ちかかれ」と命じたわけです。当然ながら、薩摩藩は敵の厳しい反撃を受けることは必至です。

益次郎が所属する長州藩は裏口を攻めるから、「正面は薩摩藩にお願いしたい」なども、ふつうでは言えません。

案の定、その提案を聞いた、薩摩藩士の参謀・海江田信義《かいえだのぶよし》は刀を抜かんばかりに激高しました。

しかし、益次郎はまったく怯《ひる》みません。彼は、一番効果を上げる方法しか考えていないからです。その提案を受け、大将である西郷隆盛は正面から攻めました。

いざ攻撃が始まると、官軍の圧倒的な火力の前に、各所で彰義隊の守りは突破されます。一ヵ所しかない逃げ道を目指して敗走する彰義隊に対し、官軍はライフル銃等を用いて追撃し、わずか一日で壊滅させたのです。

益次郎は人の心はわからなくても、武器の威力はわかりました。この陣地を落とすには何インチ砲を、どこから使えばいいか、正確に計算で弾き出せました。

苦手なことやニーズのないことはやらずに、自分に合ったものを信じてとことん学び、ものにした益次郎。その割り切りと学ぶ姿勢は、現代でも十分に参考になるのではないでしょうか。

もっとも、〝空気の読めない人〟は、自分のその性格を片時も忘れてはいけません。

益次郎はその性格ゆえに多くの敵をつくり、ついには暗殺されそうになり、難は逃れたものの、そのおりの傷に菌が入って敗血症となり、それが原因でこの世を去ることになってしまいました。享年は四十五です。

まだまだ、新政府の〝軍師〟が務められたものを、残念でなりません。

直江兼続

上杉謙信にはなれないからこその学びの戦略

ビジネスでもスポーツでも芸術でも、先代に比べて後継者が失敗するパターンは、双方の能力や性格の違いを考えず、やみくもに後継者が先代の真似をしてしまうケースが多いようです。

戦国大名、上杉家の軍師にして家宰《かさい》の直江兼続《なおえかねつぐ》はその轍《てつ》を踏まなかった人物です。兼続にとって憧れの対象は、言うまでもなく先代主君の上杉謙信でした。〝毘沙門天の再来〟とまで言われ、生涯の合戦でほとんど負けなかった偉大な戦国武将です。関東管領《かんれい》職にも任ぜられ、越後から北陸、信州の北、関東までその勢力を広げました。

謙信は閃きの天才でした。ふつうなら一、二、三、四……と順番に組み立てていく作戦を、謙信の場合は、いきなり三から始めて、次は七に飛んでしまいます。

これは謙信だからできることで、なぜそうなるのかは、他人には到底理解できませんでした。

直感やインスピレーションとしか呼びようがない感覚です。それは努力して身につく類の、学びや感覚ではありませんでした。

宿敵・武田勝頼に助けを求めた

そんな上杉謙信を主君として、直江兼続は十代の頃から仕えてきました。間近で見れば見るほど、その偉大さがわかるというものです。

もちろん兼続も、人並み以上の才覚の持ち主ですが、とても謙信にはかなわない、という劣等感すら抱いていました。

やがて兼続は、謙信の息子（養子）の上杉景勝《かげかつ》の補佐役となります。謙信は自分一人で大将も軍師も兼ねることができましたが、跡継ぎの景勝には、軍師としての兼続のサポートが不可欠でした。景勝－兼続主従を足して、謙信一人分に臨もうというわけです。

謙信から、次期当主のサポート役として選ばれた以上、上杉家を守るために、兼続は必死で勉強をしました。

謙信公のやり方を、真似することは自分などにはできそうもない。

では、どうすればいいのか。自分に何ができるのか。謙信から受け継げる部分があるとすれば、何処《どこ》なのか。それらを考え、ひたすら研究しつづけたのでした。

その後、謙信は四十九歳で亡くなります。

上杉家の家臣は、謙信の幻想を引きずっていました。次の当主の景勝を「謙信公と比べて……」と事あるごとに比較したようです。

そんな家中の雰囲気を感じながら、兼続はそれに引きずられず、自分にできることをまずはやろうとします。

最初に兼続がやったのは、自分ができることと、できないことを分ける作業でした。

先述したように、謙信の合戦は独特です。

一種の芸術家のように、閃きで戦術を操ります。

例えば、上杉軍はどんな陣形であれ、馬上の謙信が軍勢の中に割って入ったら、その動きに合わせるのが軍法でした。つまり、合戦になったら謙信の〝アドリブ〟で自由に陣形を変えるわけです。

もちろん、それを景勝が真似るのは不可能です。そこで兼続は、各軍団を分けて、それぞれに担当する指揮官を立てました。謙信のように、臨機応変な軍法は受け継がず、実直な戦い方を選びました。

また、兼続は謙信なら絶対にやらない手も使いました。御館《おたて》の乱（謙信亡き後の後継者争い）の時がそうでした。謙信の死は突然であったため、後継者を誰にするのか、景勝ともう一人の養子である上杉景虎《かげとら》（北条氏康の七男）の間で、跡目争いが起きたのです。

当初、景勝の形勢は不利でした。なにしろ、競争相手の景虎には、実家の北条家がついています。〝関東の雄〟北条氏は絶大な力を保持していました。

そこで兼続はなんと、武田氏が北条氏と同盟関係にあるのを知りながら、武田勝頼《かつより》に助力を求めたのです。

勝頼の近臣に賄賂を配り、へりくだって頭を下げ、「もし味方になってくれたら、上杉家は今後、武田家に従ってもいい」とまで言ったのでした。

まさかの依頼を受けた勝頼は、「父の宿敵《ライバル》だった上杉家を従えることができる」と喜んで、本来なら敵方であるにもかかわらず、兵を出して景勝を応援してくれました。その甲斐あって、景勝は上杉家の当主になれたのです。

しかし兼続は、武田家に従う約束を反故《ほご》にしました。最初からそのつもりだったのでしょう。こんなことは、正義の人であった謙信なら絶対にやりませんし、できません。

ですが兼続は、自分ができる方法は恥じも外聞もなく、何でもやりました。自分は謙信ではないことを、兼続は熟知していたからです。

生き残るための戦略を考えつづけた

天下の情勢は、もはや武田信玄と上杉謙信が戦った頃のような、戦国大名が跋扈《ばっこ》していた時代から、豊臣秀吉が天下を統一する時代へと変わりつつありました。

兼続は情報収集に努め、事態の変化に対処できるようにつとめました。

秀吉が関白になると、その秀吉に近づき、東日本を未だ完全には掌握していない秀吉から、「一緒に天下の騒乱を治めるのに力を貸してほしい」と言われます。

この時、上杉氏は名誉ある孤立を捨てたのでした。

　また、関ヶ原の合戦でも、当初は家康に敵対しましたが、西軍が敗れ、家康の天下となると、すかさず家康の重臣である本多正信《ほんだまさのぶ》の次男・政重を直江家の婿養子に迎え、兼続は自分の娘と結婚させようとします。

　もし男の子が生まれたら、その子に直江家の家督を譲ることまで考えていました。死中に活を求める思いで、上杉家存続に知恵を絞ったのでした。

　兼続の願いは通じ、徳川幕府から上杉家は存続を許されました。本多政重は兼続の捨て身の対応を理解し、上杉家を去ると、〝加賀百万石〟の前田家の家老となっています。

　存続は叶いましたが、上杉家が西軍を支持したことのペナルティは科せられました。百二十万石あった石高は、一気に三十万石まで減らされてしまいました。領土を四分の一に削られたのです。

　領土が四分の一になれば、当然、それに応じて家臣を減らさなければなりません。しかし一騎当千の将兵が減れば、その分、上杉家の軍事力は落ちてしまいます。

　そこで兼続は、近年に中途採用した家臣が離れていくのは仕方がない、と割り切りました。その代わり、譜代の家臣は一人たりとも上杉家を離れさせない方策をとったのです。

上杉家は謙信以来、直接の戦闘ではほとんど負けていません。歴戦の精強な強者《つわもの》たちが他家に移ってしまったら、上杉ブランドは確実に落ちてしまいます。

とはいえ、譜代の家臣たちに、百二十万石の時代と同じ石高を保証するのは不可能です。そこで兼続は、「譜代の家臣の知行は三分の一に留《とど》める」と宣言しました。これには謙信の遺産である、軍用金が使われたようです。

上杉家自体の石高は四分の一になったのに、家臣の給料は三分の一に減らすだけであれば、これで主家を去っては、その人物の忠誠心、人間性が疑われてしまいます。

こうして手を尽くし、兼続は上杉家を名実ともに守りつづけたのです。

しかも兼続は米沢の地での開拓に力を入れ、彼が元和五年(一六一九)十二月、六十歳でこの世を去ってほどなく、実質石高を五十一万七千余石まで積むことに成功しました。

秀吉を真似た石田三成とは違う

この直江兼続ほどの実力があれば、より主君謙信に近づくこともできたのではないか、と思う人がいるかもしれません。

しかし、決して兼続がそうしなかったことが賢明だったのは、石田三成の例を見ると明らかでしょう。

三成も兼続のように、教養のある賢い武将でした。ただ兼続と違ったのは、三成は豊臣秀吉に対して、自分が遠く及ばないとは思っていなかったことです。もちろん、それは自分も天下人になれるという意味ではありません。

秀吉を学ぶ相手としてふさわしい、と考えたわけです。そのため、多くの失敗を犯してしまいました。

例えば、北条征伐において、毛利攻めの際の秀吉のやり方をまねて、武蔵忍《おし》城を〝水攻め〟にしようとしましたが、城を落とすことはできませんでした。

北条家の小田原城が落ちた後も、相手にもちこたえられるという失態を演じています。三成は己れの力量が、まるでわかっていませんでした。

三成と兼続の意識の違いは、どうして生まれたのでしょうか。それは、三成は上り調子の秀吉のもとで、ずっと従ってきており、危機、苦難を乗り越えた経験が圧倒的に足りなかったからでした。

秀吉の存命中は、豊臣政権の要として、家康ですら三成にへりくだって接していたのです。ですから、関ヶ原の戦いでは、諸将に西軍につくことを求める際に、「豊臣家のご恩に奉ずべき時」と、偉そうに上から目線で大名たちに命令しています。当然、諸将の反感を買い、敗北につながってしまいました。

一方の兼続は謙信の死後、厳しい局面を迎えた上杉家を担い、苦難の連続を乗り越えています。

宿敵の武田勝頼に頭を下げ、金を渡して味方になってもらうなどの、恥ずべき立ち回りも演じました。

兼続は、世の中は自分の思い通りにはいかない、と痛感していたのです。

勝てないまでも、〝負けないで生き残る〟――この大切さをわかっていました。

人は追い込まれた時にこそ、本領を発揮します。兼続はその度に必死に考え、学びつづけました。それが結果的には、上杉謙信に負けずとも劣らない策を生み出し、上杉家を存続させることになったのです。

本多正信

視野の広さで家康を救う！　外で苦労した経験が活きた

徳川家康は〝狸親父〟と呼ばれるように、腹黒いイメージがあります。秀吉の前では好々爺《こうこうや》を演じながら、天下取りを虎視眈々《こしたんたん》と狙っていたと思われているからです。

しかし、家康が本気で天下人を目指そうと動き始めたのは、豊臣秀吉が亡くなり、それにつづくように前田利家が亡くなってからでした。それまでは、自分が天下を取るビジョンについて、家康は何一つ現実的には考えていませんでした。

秀吉が家康包囲網を完璧に設《しつら》えていたからです。家康は動きたくとも、身動き一つできなかったのです。

けれども、秀吉の死後からわずか二年足らずで、家康は天下をその手に収めました。関ヶ原の合戦で、大勝利を手にしたからです。

この一見、奇跡のような勝利を陰で支えたのが、家康最大の謀臣・本多正信でした。正信が半生をかけて学んできたことが、〝天下分け目〟の戦いで大いに役立ち、家康に勝利をもたらせたのです。

正信が放浪の学びから身につけたのは、広い視野でした。それをどうやって獲得したのか、そのプロセスを紹介しましょう。

本多正信はもと鷹匠《たかじょう》です。鷹匠とは「鷹狩り」という、鷹を使ったハンティングのために、鷹を飼育し、訓練し、鷹狩りの鷹を用意する身分の低い役目です。家康は鷹狩りがことのほか好きで、若い時から晩年までこの趣味をつづけました。

家康が今川家の人質生活から解放され、三河に自立した時のことです。領地である三河で、一向一揆が勃発しました。これは一向宗の信徒が、為政者家康に抵抗して、起こした一揆で、この時はなんと徳川家の家臣の半数が敵に回るほどでした。

正信も一揆側に参加しました。それどころか彼は、家康の生命を狙ったのです。家康は、この徳川家存亡の危機を、半年かけて収拾しました。そして、一揆側についた家臣に対して、「一切の罪は問わぬから、帰参せよ」と伝えます。

謀叛に参加した多くの家臣は帰参し、再び徳川家に仕えることになりました。

負け戦の経験を活かして家康の命を救った

ところが、正信は帰参しませんでした。それどころか、その後も家康と敵対しつづけたのです。

正信は、「俺は家康に負けていない。次に戦えばきっと勝てる」と各地の反織田・

徳川陣営を巡って歩きました。

当時の本多正信のことを、戦国時代の梟雄《きょうゆう》と言われた松永久秀《まつながひさひで》は、「徳川の侍《さむらい》の多くは武勇一辺倒の輩《やから》であったが、正信だけは強からず、柔らかからず、また卑しからず、世の常の人ではないだろうと思った」と評しています。〝乱世の三梟雄〟の一《いっ》・久秀が、二十七歳の正信に対して「ただ者ではない」と感じていたのです。

その後、正信は北陸地方に行き、加賀の一向宗に加わり、幹部となって抗いつづけました。しかし、織田と徳川の勢いは止められず、負け戦の連続となります。

この間、戦《いくさ》には勝てませんでしたが、正信はいろいろな国で、身分や立場の違う人たちと接しました。

一揆では、武士ではない集団を束ね、運営するなど、ほかの武将にはない経験も大いに積んでいます。

そんな正信が四十五歳になった頃、織田家の勢力が拡大し、彼はついに行き場所を失ってしまいます。その際に、親戚筋の大久保忠世《ただよ》から「家康公は正信を許すと言っておられる。徳川家に戻ってきたらどうだ」と声をかけられたのです。

悩んだ末、正信は徳川家に帰参しました。正信は二十年近く、徳川家に反抗しつづけてきたわけですから、徳川の家臣団の、彼に向けられる目は冷たくて当然です。毎日、彼は針の筵《むしろ》に座らされている気分だったに違いありません。

ですが、だからこそ、自分の帰参を許してくれた家康には、正信は強い恩義を感じていました。徳川家では、自分にしかできないことがある。それで恩義に報いよう、と彼は考えていたのです。

三河武士は総じて、内向き志向でした。自分の領地から出ることがないため、忠誠心は高いけれども、どうしても視野が狭くなります。その意味で正信は、自身のこれまでの〝外〟での経験が活かせると考えました。

最初に正信が、家康に認められたのは、〝伊賀越え〟の時でした。本能寺の変で織田信長が明智光秀に討たれた時、家康はのんびりと堺見物をしていました。一緒にいるのは数人の近臣だけで、これではとても光秀の軍が固める畿内を抜けて、三河に戻ることは不可能です。

ふつうに考えれば、万事休すの状況でした。冷静沈着な家康でさえ、パニックに陥って、一時は「腹を切る」と叫んだほどです。

この場面で、冷静に家康を諫めたのが、正信でした。山ほど負け戦を経験した彼からすれば、これぐらいの危機は何度も経験済みだったのです。

「京を通れないのなら、伊賀を越えましょう」

正信は、京の南側のルートを通って、三河に帰ればいいと提案します。

しかし、そこは多くが山道で、土豪が支配する土地が入り組んでいるため、彼らと戦うことになったら、少人数ではひとたまりもありません。

そこで正信は先回りして、各地の土豪に金品を渡し、あるいは説得懐柔して、安全なルートを確保しました。その結果、家康一行は無事に三河までの脱出に成功したのです。

かつて、どうすれば一揆勢として強い武士に勝てるか、ああでもないこうでもない、と手を尽くして考えた正信の経験と、武士ではない同士たちとのつき合い方を学んだ体験が、フルに活かされたわけです。

目の前の状況だけ見て、絶望しているほかの家臣たちとは異なる、視野の広さ、経験の多様さで、正信は家康の生命を救ったのでした。

敵は前だけではなく、後ろにもいる

この功績は、正信の評価を一変させました。彼は生命《いのち》懸けで家康の窮地を救ったのです。家康からの信頼も、格段に増しました。

正信の視野の広さ、経験の深さは、次のようなエピソードからもうかがえます。

ある時、家康が重鎮たちを集めて、

「もし、徳川軍が東海道を攻めのぼったら、どこまで京に近づけると思うか」

と問いかけたことがありました。

天下を治める秀吉は、関東＝関八州へ押し込めた家康を、京から遠ざけるために、東海道には中村一氏《かずうじ》、堀尾吉晴《よしはる》、山内一豊《かずとよ》、福島正則《まさのり》など、名だたる合戦上手を並べていました。そこで家臣たちは配置された武将達の力量を踏まえ、関ヶ原、いや浜松城、と思い思いの意見を述べます。

ところが、一座の端にいた正信だけは無言のまま。家康がひそかに目をやると、正信はその視線に気づき、家康へ向けて軽く首を横に振りました。

それを見た家康は、その通り、と他の家臣達には気づかれないよう、うなずきました。徳川家の領地から、一歩も出陣することさえ無理だ、というのが二人の合意でした。

なぜなら、徳川家の領土の背後には、蒲生氏郷《がもううじさと》がいたからです。彼は信長の愛弟子《まなでし》であり、豊臣家きっての猛将で、無類の合戦上手でした。

正信が言いたかったのは、「もし徳川家が京都をめざして動けば、すぐに蒲生軍が背後から攻めてくるでしょう。これでは、とても動けません」という意味でした。

正信以外の家臣たちは、家康の問いかけに対して、東海道だけを念頭にシミュレーションしていましたが、正信はもっと視野を広く、全体を俯瞰《ふかん》して見ていたのです。

こうしたことから正信は、ますます家康に信頼されたのでした。


――話を、冒頭に戻しましょう。

〝天下分け目〟の関ヶ原で家康に勝ちをもたらしたのは、本多正信だと言いましたが、それはどういうことだったのでしょうか。

家康が秀吉亡き後、最初にやろうとしたのは、〝五大老〟の己れを除く〝四大老〟の各個撃破でした。

豊臣政権の中枢を担う、家康を含めた五大老（前田利長《としなが》＝利家の長男、上杉景勝、毛利輝元、宇喜多秀家）を一人ずつ潰して、豊臣政権の力は削ぐことを考えました。

そこでまずは、加賀の前田家に難癖をつけます。利長に謀叛の動きあり、と挑発したのでした。ただ前田家は家康と戦をする気はなく、おとなしく先代の妻である芳《ほう》春院《しゅんいん》を人質に差し出してきました。これが江戸の参勤交代の発端となります。

この家康の各個撃破の策謀に対して、正信は敵を一ヵ所に集めて、まとめて叩くことを提案したのです。そのためには、豊臣家を実質、動かしている〝五奉行〟の実力者・石田三成を挑発すればいい、と考えたのでした。

正信は経験上、一丸となった組織は強いけれど、相互に不信感を持つ組織は脆《もろ》いことを熟知していました。

彼はまた、三成が豊臣政権で多くの武将に嫌われていることも知っていました。前線で生命を懸けて戦っている豊臣恩顧の武断派・加藤清正や福島正則、浅野幸長《よしなが》に対し、兵站《へいたん》を受け持つ裏方＝文治派の石田三成は、武断派をねぎらうこともせずに、常に横柄な態度で接してきました。

正信の進言を受けた家康は、清正や正則の愚痴に耳を傾けて、三成との対立を煽ります。さらに、秀吉の遺言で禁じられていた大名同士の婚姻を、武断派の面々と次々に結び、三成を挑発しました。

家康のやり方に腹を立てた三成は、諸大名に呼びかけて立ち上がります。正信の考えた通りに、事が運んだわけです。

あとは関ヶ原で戦って、勝利するだけ。三成についた西軍の大名は、家康の調略で次々に寝返り、勝負は一日で決着しました。

若い頃から広い世界を見て、学んできた正信の面目躍如《めんもくやくじょ》でした。彼は、人の持つ嫉妬の感情などもイヤと言うほど経験してきました。

正信のやり方を現代風に言えば、外の世界を見てきた経験を、新たに入った会社で活かした、という感じでしょうか。

同じ会社にずっといることで視野が狭くなっている人たちに、外の目＝客観的に物事を見る、を提供したわけです。

常に視野を広く持ち、物事を俯瞰的に見て、学ぶ習慣を持つことの大切さを、正信は私たちに教えてくれているように思います。

山縣有朋

才能はない。だからこそ自分に向いている実学を極めた

「私には才能がないので、勉強しても意味がないと思います」

こんなことを言う若い人に出会うことがあります。が、私は「あなたは勘違いしている」と返します。

確かに、何でもそつなくできる才能を身につけるのは、難しいことかもしれません。おそらく大半の人はできないはずです。

そんな万遍なく何でもできる人をめざすより、ある部分に特化した能力を磨いた方が、これからの時代は、それが武器になり、勝ち残っていけることにつながると思います。いわゆるスペシャリストになるということです。

歴史においても、そうやって出世し、成功した人は少なくありません。

典型的な人物が、山縣有朋《やまがたありとも》でしょう。この人物は成功者ですが、嫌っている人も多い歴史上の人物です。

彼は、明治時代に「日本陸軍の父」と呼ばれ、内閣総理大臣を二度務めています。しかし、華々しい経歴に見合う才能が彼にあったかと言うと、甚《はなは》だ疑わしいと言わざるをえません。むしろ、能力的には三流の人と言える程度です。

それなのになぜ、有朋は歴史にその名を残し、実りある人生を送ることができたのでしょうか。それは、彼が自分に合ったテーマを選び、そこに特化して勉強しつづけた成果なのです。

——順を追って、紹介していきましょう。

お前は見どころがあるが学問が足りない

山縣有朋は長州藩の出身ですが、実家は藩士の家柄ではありませんでした。〝奴《やっこ》〟と呼ばれ、刀は短いのを一本差せますが、ふだんは農業に従事し、参勤交代などの大名行列の際に、雑用を務める役目の出身です。当時の階級でいえば、足軽よりも下の身分になります。土佐藩で地下浪人だった岩崎弥太郎の立場と、五十歩百歩と言えるでしょうか。

弥太郎と同じように、有朋もこのきわめて低い身分から抜け出そうと、必死にあがきます。詩や漢詩を一生懸命学びましたが、オレの頭では到底学問の世界では出世できない、と自覚していたようです。

そこで彼は、槍の腕を懸命に磨きました。武芸で認められれば、正規の藩士になれるかもしれないと考え、打ち込んだのでした。

そんな有朋に、運が巡ってきました。幕末の長州藩は、反幕府のスタンスで政治活動をしていたため、藩主や藩士の警護には非常に気を遣っていました。いつ刺客が襲ってくるかわかりませんから、警護に携わる人間も、身分に関係なく腕が立つ人間が求められました。

有朋は槍の腕前を買われて、要人警護のボディガードの役目に抜擢されます。きっと飛び上がるほど、本人は喜んだでしょう。ようやく、道が開けたのですから。

そしてある時、任務で京都に行ったおりに、長州藩の若きオピニオンリーダーである久坂玄瑞《くさかげんずい》と知り合います。玄瑞は藩内きっての秀才。彼は有朋に、次のようなアドバイスをしました。

「おまえは見どころがあるけれど、学問が足りない。もっと勉強してこい」

玄瑞は、有朋に自らも学んだ松下村塾《しょうかそんじゅく》を紹介しました。当時の松下村塾には、のちに日本を形作っていく、長州出身の才覚ある若者が集っていました。

ところが、有朋が入塾してまもなく、主宰者である吉田松陰が、安政の大獄に連座し、幕府に捕らわれてしまいます。

気落ちする有朋……と言いたいところですが、彼は松下村塾の先輩で、奇兵隊を組織していた高杉晋作のもとへ行き、「私も松下村塾にいました」と近づいたのです。

高杉は久坂と双璧をなす、いわば松下村塾のツー・トップです。「そうか」と高杉は有朋を迎え入れました。

この行動が、有朋のその後のあり方を決めた、と言ってもいいでしょう。

のちに、有朋を紹介する際に、「奇兵隊のナンバー2として活躍」という文言が使われることが多くなるのですが、なぜ、たいした才能も教養もなく、松下村塾でろくに勉強する機会すらなかった彼が、「奇兵隊」の二番手になれたのでしょうか。

そもそも奇兵隊は、農民などの非武士階級の人間で構成された特別部隊でした。刀など握ったこともない集団の中で、藩主・藩士の警護に抜擢されるほどの槍の使い手であった有朋は、武芸に関しては一目置かれている存在でした。

さらに彼は、奇兵隊の「人事権と予算編成権」をゆっくりと、着実に掌握しました。

これは本来なら、トップである高杉の役目であったはずです。

しかし、直感に優れた彼は、一方で地味な実務は苦手でした。そのうえ、ルーズな性格のため、細々して煩雑な仕事は〝脳〟が受けつけません。

とはいえ重要な仕事なので、誰でもいいからやらせよう、というわけにはいかず、まがりなりにも有朋が松下村塾出身ならば、能力も人物も信頼に値する、と高杉は踏んだのでしょう。

自分に任せてくれた高杉の信頼に応えるべく、有朋は必死で実務を学び、取り組みました。そして彼は、自分には優秀なトップをすぐ近くで支える、地味だけど重要な仕事が向いていると、気づいたのです。そのための勉強は惜しまないぞ、と決めたのでした。

二番手に徹することで能力を広げた

第二次長州征伐で、奇兵隊は大活躍をします。ところが、リーダーの高杉が若くして病死してしまいました。享年、二十九。

優秀な上司を失った有朋は、己れの分限をわきまえていました。次の上司を探します。そして選んだのは、先に紹介した大村益次郎でした。

益次郎は、高杉晋作とタイプがまったく異なりますが、指揮官として優秀であることは間違いありません。

加えて、〝空気の読めない〟欠点を、彼は抱えていました。有朋はその通訳、中和剤として、自らをアピールし、益次郎のもとで働きます。

戊辰《ぼしん》戦争や江戸の彰義隊との戦いで、益次郎は天才的な能力を発揮して勝利を手にしました。有朋も、北陸方面軍の参謀として出征し、勝利に貢献しています。

ところが、その後、益次郎は暗殺されてしまいました。再び、仕える上司を失った有朋は、今度は薩摩藩というよりは、新政府最大の実力者・西郷隆盛を、己れの上司に仰ぎます。

この時点で有朋も、旧幕府や佐幕派諸藩との戦いで、多少の手柄を挙げていましたが、本来ならばこの辺が、彼の限界であったでしょう。

戦争が終わり、新政府が運営されるようになれば、有朋程度の人間には、もはや上をめざすことは不可能であったはずです。にもかかわらず、優秀な人物を禁門の変、第二次長州征伐、戊辰戦争で相次いで失ったため、薩長二藩でバランスをとる新政府では、人材不足の長州にあって、有朋は気づけば陸軍のナンバー2の立場についていたのでした。

さらにトップの西郷も、征韓論争で敗れ、野に下って故郷薩摩に帰ってしまいました。

とはいえ有朋は、自分の器量を知っています。陸軍のトップに立ち、すべてを担う力がないことをわかっていました。

そこで次には大久保利通の庇護を受け、その指図に従い、自身は握った人事権で、出身の藩に関係なく、能力のある人物をどしどし引き上げました。

例えば、「軍人勅諭」を起草させた西周《にしあまね》（津和野藩出身）、警保局長に任じた清浦圭《きようらけい》吾《ご》（熊本藩出身・のち内閣総理大臣）、枢密院書記官長に任じた平田東助《ひらたとうすけ》（米沢藩出身・のち内務大臣）などです。

彼はそうした有能な人物を探すため、飲み会や懇親会をよく開き、若手官僚や士官の様子を観察していたのです。

有朋の人生を指して、「彼は運がいいだけ」と感じる人がいるかもしれません。次々に上司がいなくなり、自分が上に上がっていけただけだ、と。

もちろん、そういう面もあったでしょうが、彼は己れの才覚をわきまえ、トップを支える実務家として勉強をつづけたことが、凄まじい人脈を築くようになった、根幹であったことを忘れてはなりません。

実際、彼は高杉晋作や大村益次郎、西郷隆盛などの上司から、「おまえは使えない」と外されたことは一度もありませんでした。贈収賄疑惑で窮地に追いつめられながらも、有朋は与えられた職責を全うしています。

冒頭の話に戻りますが、才能がないから勉強をしない、ではいけません。

才能を知るため、伸ばすためにこそ、学ぶのです。私利私欲に走ったことはひとまず置き、有朋は限りある能力を最大限まで、勉強によって広げた努力の人だった、と言うことはできると思います。

千利休

茶人でありながら秀吉の〝軍師〟として活躍

千利休は、茶について死に物狂いで勉強した人です。

利休が広めた、侘《わ》び寂《さ》びの茶の世界のイメージに引っ張られて、彼を俗世の欲望のない達観した人物だと思っている人もいるでしょうが、それは誤りです。史実の利休は、豊臣政権の権力の中枢にあり、内なる参謀として活躍した人物でした。

そもそも彼が茶の勉強に打ち込んだのも、出世のためです。若い時はなかなか世に出るチャンスをつかむことができず、ひたすら利休はあがいていました。

そしてようやく五十歳を前にして、織田信長のおかげで世に出ることができたのですが、その程度では、利休は満足しませんでした。

彼は元々、堺で海産物を商う商人でした。とはいえ、豪商として名を連ねるレベルではありません。

納屋衆《なやしゅう》（堺の指導的立場の商人たち。倉庫を持っていたからそう呼ばれた）だったとも言われますが、若い頃の利休にそれほどの力はありませんでした。

堺の南蛮貿易は、納屋衆の上層部が取り仕切っていますから、利休の思うようにはなりません。

そこで彼が目を付けたのが、「茶道」だったのです。

戦国時代に確立した教養は、禅・連歌に加えての茶の湯でした。それぞれに特色があって、禅は主に僧が、連歌は公家が嗜んでいました。

一方、茶道は商人同士が商談する席でも、武将達が密談する際にも使われています。ですから、茶道の専門家として名を上げれば、大名や豪商たちと接点を持つことができる。そんな下心で、利休は茶道を始めたのです。

お茶を学び、極めることで道が開けた

茶道には多くの流派が存在していて、作法がそれぞれ違いました。茶の湯を極めるために、利休は片っ端からありとあらゆる茶道を研究します。

例えば、大きな茶器に注がれたお茶を、順番に飲んで回す流派もあれば、参加者の前に並べた茶器を品評して楽しむ流派もあります。あるいは、参加者同士が利き茶をして、何処のお茶かを当て、それを賭ける〝闘茶《とうちゃ》〟まで――実にさまざまの茶の湯を、利休は学んだのです。

このやり方は、一章で紹介した柔道家の嘉納治五郎に似ていますね。彼も講道館柔道を生み出すまでに、従来からある古流柔術の諸派を学んで、長所と短所の研究に没頭しました。

利休の場合、苦労したのは茶道具の目利きです。

後年、彼が「名品」と鑑定すれば、それだけで茶器が値上がるほどの目利きとなり

ますが、若い頃には苦い経験を重ねています。手当たり次第に茶器を求めては、安物を高値でつかまされて失敗する、といったことの連続でした。

茶器ではありませんが、「一休禅師の書」の触れ込みを信じて購入した掛け軸が、偽物だとわかった瞬間、破り捨ててしまったこともありました。

しかし、これも学ぶ過程ではある意味、必要な投資です。茶器の鑑定眼は、テキストだけでは養われません。

いくら知識量を詰め込んでもダメで、実際に購入してみて、痛い目にも何度も遭って、ようやく身につくものです。利休は失敗を恐れず、次々に茶器を求めつづけました。

挑戦しつづけられたのは、彼には豪商となって成功する、との強い目的意識があったからです。そして、ついにその努力が実る日がやってきました。

長くつづく戦国の世で、茶道の重要性が増したのです。

出陣前の武士の気は高ぶります。これから向かう合戦で、生きて帰ってこられる保証は誰にもありません。

だからこそ、静かにお茶を飲み、気を静めて、そのうえで戦場に赴くのです。不安や興奮で乱れた気持ちを整えるために、武将は茶道に励みました。

利休は織田信長の〝茶頭《さどう》〟（茶事を司る役目）として、出世します。

信長につづいて豊臣秀吉に仕えたことで、利休は商人の分を越えた影響力＝権力を持つようになりました。

信長に仕えている頃は、秀吉に対して「筑前（当時の秀吉は筑前守）！」と呼び捨てにしていた立場が、のちに秀吉が天下をとると、逆転してしまいます。

それでも利休は、関白となった秀吉の補佐役として重用され、秀吉の弟の秀長と同程度の影響力を、政権内に持つまでになりました。

若い時に学んだことが人生の糧となる

権力を得るために茶道を利用した利休ですが、彼が現代につながる茶道を組み立てたのは事実です。

古今の茶道を勉強した利休は、そのうえで自らの創作も加えました。

例えば、茶室が狭いのは、利休が当時の朝鮮半島の、建物の知識を採り入れたからだ、と言われています。

茶を飲む際に、お菓子が添えられるのも、利休が始めました。飲み物だけではなく、食べ物も出して喜んでもらおうと、最初は果物《くだもの》を添えました。

さらに唐の国から輸入された〝唐菓子〟という、パンに似た小麦粉を使った菓子も添えます。

お好み焼きのルーツも利休です。茶を立てて、〝麩《ふの》焼き〟という焼き物料理を考え出して、お客に提供しました。

また、今や世界に誇る日本の懐石料理――これを作ったのも彼でした。

懐石料理は〝温かいまま〟なのが画期的でした。それ以前の室町時代の料理は、お吸い物以外は全部冷たかったのです。

余談になりますが、ある時期までの江戸時代も同様です。幕府の将軍が食べるお膳でさえ、温かいのはご飯と味噌汁だけという寒々しい食卓でした。

山海の珍味を調理しても、まず毒味役が食べて、しばらく様子を確認してから、安全とわかって初めて、将軍の御前に供されます。

できあがりから一時間以上も経って、冷めきった料理が出されるわけです。美味しいわけがありません。

落語のネタにもありますが、三代将軍の徳川家光が「秋刀魚《さんま》は目黒に限る」と言います。

これは、焼きたての秋刀魚は美味しい、という意味でもありました。彼は、熱い魚を初めて食べて、感動したのでしょう。

利休も冷えた料理はまずい、と考えていました。だから彼は、温かいものは温かいままに、冷たいものは冷たいまま、少しずつ提供する方法を生み出しました。

まさに、今日に伝わる懐石料理です。

今の日本料理の基本は、利休にあると言ってもいいでしょう。これも彼が、人をもてなすとはどういうことなのか、を考えつづけた成果です。

それほど学び、工夫した先に、利休は侘び寂びの世界にたどり着きました。

きれいに掃除した庭に対して、わざわざ木を揺らして葉を落とす。「この方が風情がある」というわけです。

そういうこだわりを、持ちつづけたのが利休でした。

そこに至る道には、膨大な茶道の文献を読みふけった二十代や、偽物の茶器をつかまされつづけた三十代の勉強が、ベースにあったはずです。

天下人の勉強法 ㊂

海外の先端技術を学び、採り入れた大久保利通

大久保利通は薩摩藩出身で、幕末から明治にかけて盟友・西郷隆盛とともに古い日本を壊し、新しい日本を創った人物です。

大久保は、木戸孝允、西郷隆盛とともに〝維新の三傑〟と呼ばれます。幕府を倒し、明治政府をつくるまでの木戸、西郷の活躍は目覚ましいものがありましたが、明治に入ってからは失速。大久保は一人、国づくりの使命を担い、奮闘しました。

明治政府における大久保は、すべての権力を掌握していた、と言われるほどの存在でしたが、参考までにこの〝宰相〟の勉強法を紹介したいと思います。

大久保は内務卿という、明治政府の最高権力者にまで上りつめました。

彼は出身の藩にとらわれず、優秀な人物をどしどし引き上げました。伊藤博文と大隈重信（肥前佐賀藩出身）を左右の手と称し、各藩の多彩な人材を集めました。

例えば、村田氏寿《うじひさ》（越前福井藩出身）や、〝四天王〟ともいうべき、前島密《ひそか》（旧幕臣）、林友幸《はやしともゆき》（長州藩出身）、杉浦譲《ゆずる》（旧幕臣）、河瀬秀治《かわせひでじ》（丹後宮津藩出身）です。

大久保は自ら登用した相手には、信頼して実務をことごとく任せます。部下としては、仕え甲斐のある上司であったことでしょう。

とはいえ、ただ優しいというだけではなく、幕末に〝人斬り半次郎〟と恐れられた桐野利秋でさえ、大久保に意見を言う時は、酒を飲んで勢いをつけないと無理だ、とボヤいていたと言いますから、大変、威厳があったのでしょう。

内務省の入口に立つと、いま省内に大久保がいるかいないか、誰にでもすぐにわかったそうです。水を打ったように静かであれば、大久保はいます。

そのおりは、聞こえるのは大久保の、靴音だけだった、という逸話も残っているほどです。

大久保の人物紹介はこれくらいにして、彼の勉強法について話しましょう。

大久保は四十二歳の時に、「岩倉具視使節団」として欧米諸国を視察しています。

岩倉具視をリーダーとし、木戸孝充、伊藤博文、そして大久保など、政府首脳陣ら総勢百七十名で明治四年（一八七一）十一月に横浜を出発しました。

当初の予定では十ヵ月半ほどで日本に戻るはずだったのですが、伊藤の早とちりに大久保が乗せられ、一度、二人が日本に戻ったりしたため、結局、一年十ヵ月もの間、欧米を視察することになってしまいました。

慣れない海外での毎日に、一同のストレスはどんどん溜まっていきます。とくに木戸孝允は、はるかに進んだ欧米の文化を目の当たりにして、

「日本はどれほど努力しても、ここまでにはなれない」と悲観するありさま。

そんな中、元気だったのは大久保です。

イギリスでバッキンガム宮殿やウェストミンスターの議事堂、造幣寮などの西洋文明の建物を見学し、「見るもの、聞くもの、すべてが勉強になった」と書き記しています。

さらに、ベルギー、オランダを経て、プロシアに到着します。当時のプロシアは二年前に誕生したばかりのドイツ帝国の中心地でした。

ここで大久保は、運命の出会いをします。国都ベルリンで迎えてくれたのが〝鉄血宰相〟ビスマルクでした。

彼は日本からの使節団を歓迎するパーティの後、大久保ら主要メンバーを別室に招いて、腹を割って話をしてくれたのです。

「昔のプロシアは小国で貧弱でした。でも、いまやフランスを戦争で打ち負かすほどに国力を増したのです」

大久保はプロシアが成長した理由を尋ねます。

「――富国強兵と殖産興業です」

ビスマルクの返答は明快でした。

経済を発展させ、軍備を増強し、産業を興していく。大久保は目の前が開けた気分だったでしょう。

プロシアの真似をすれば、日本も数年でイギリスやフランスに対抗できる国になるはずだ、と。

プロシアが十九世紀前半まで、三百近い小国に分かれていたことも、幕末までの日本と共通点がありました。

大久保は帰国後、富国強兵、殖産興業を一気に押し進めます。帰国後もプロシアのやり方を勉強して、どんどん採り入れていきました。

さらに彼は、〝日本のビスマルク〟となるべく、ビスマルクのように髭を生やし、葉巻を吸って、立ち方、歩き方も〝鉄血宰相〟に似せたと言われます。

のちには、軍隊もフランス式からプロシア式に変え、憲法もプロシアのものを参考としました。

何としても日本を強く、豊かな国にしなくてならない、という思いのもと、必死に海外から学び、それを実践していった大久保の努力から、私たちが学ぶことはたくさんあると思うのです。

第四章

師匠に学び、師匠を超える

武道に、「守破離」という言葉があります。このことはすでに一度、ふれています。上達するにはまず、師匠から教わった型を「守る」ことが大切であり、それを身につけてから型を自ら「破り」、独自の工夫をして、やがて「離れ」ていくという段階を示した言葉です。

師匠のもとで「守」をしっかりやらずに、我流でやると、いずれ壁にぶつかります。順序立てた型を学んでいないので、どこが悪いのかわからず、それ以上伸びなくなるケースが多いのです。

江戸時代には、三百諸侯の城下町があり、藩校・私塾も花盛り。在野にも、師となる先生がたくさんいました。

日本中どこにいても、良い師に巡り合うことができたのです。

師からの教えを元に、大きく羽ばたいていった歴史上の人物は、それこそたくさんいます。この章では、良師に出会ったことで人生が変わった歴史上の人物を、紹介しましょう。

勝海舟と坂本龍馬

進むべき道を示してくれた海舟に感謝

すでにみた坂本龍馬には、あまり勉強家というイメージがないかもしれません。どちらかと言うと、人懐《ひとなつ》っこい性格と持ち前の行動力によって活躍した人物、というイメージが強いのではないでしょうか。

しかし、それは有名小説の創作。史実の龍馬はイメージと真逆な人物と言えます。彼は人一倍の勉強を積み重ねたからこそ、歴史の表舞台で活躍できたのです。

龍馬は、欧米列強から日本を守るために、自らも参加できる海軍に学びたいと考えていました。

彼は後述するように、土佐藩で蘭学の基礎、西洋流砲術をも学び、今で言うなら理工系の、優秀な学生でした。

ところが、土佐勤王党に加盟していた龍馬は、吉田東洋の急進的藩政改革に反発し、その暗殺を企てた党の姿勢に嫌気を差し、巻き込まれることを嫌って、脱藩の道を選択します。

それでも、一介の脱藩郷士には分不相応の、壮大な夢を彼は捨てませんでした。むしろ、その夢に一歩ずつ近づいていきました。

その夢の実現を支えたのは、龍馬自身の勉強と、師である勝海舟からの教えでした。

まずは、従来の〝龍馬像〟とはひと味違う、史実の龍馬を紹介していきましょう。

そんなものはまともな学問ではない

龍馬は、天保六年（一八三五）、土佐の裕福な商家「才谷屋《さいたにや》」という質屋から分かれた、「坂本家」の郷士の次男（末子《ばっし》）に生まれました。

江戸時代は身分制度ががっちり固定していましたが、武士の身分を売り買いすることはできたのです。

坂本家は「才谷家」が買った郷士であり、この身分は土佐藩の中では、藩士よりも下の位置づけでした。雨天でも傘を差すことが許されず、藩士と道で行き交う時は、脇に避けて土下座しなければいけない、などの理不尽なルールが定められていました。先述した岩崎弥太郎は、その郷士株を手放した地下浪人《じげろうにん》でしたから、その身分は郷士よりも下であり、生活は大変貧しかったのですが、龍馬の家は郷士の株を買うことができるほど、裕福な商家がそもそもの出身でした。

もっとも、裕福ではあっても、郷士は郷士。藩士に対して、土下座をしなければなりません。龍馬は、悔しい思いをしていたのではないでしょうか。

身分上の悔しさをバネに、身を立てるため剣術を習ったというのが、〝龍馬もの〟によく言われるストーリーですが、これは誤解です。

そもそも土佐藩では、藩士でなければ剣術を学ぶことができません。郷士が学ぶことを許されている武術は、柔術でした。

実際、龍馬は「小栗流和術《おぐりりゅうやわら》」の道場で熱心に稽古し、目録を授かっています。剣術もお目こぼしで、多少は稽古もしたでしょうが、龍馬の本分はこちらではありませんでした。

彼は勉強に励みました。ただし、儒学や漢籍《かんせき》による武士の教養ではなく、実学に取り組んだのです。

商家に育った彼にとっては、実際の世の中で役に立つ知識こそが学問でした。現代でいえば商学、法学、経済学、数学という経済関係の知識であり、オランダ語、英語から始まる西洋の知識でした。

龍馬が周りから、〝異端視〟扱いされた理由も、ここにありました。

当時の武士からすれば、経済や西洋に関わる知識などは、正規の学問とはみなされていなかったからです。

ですから、龍馬の初恋の人である平井加尾《ひらいかお》の兄の収二郎《しゅうじろう》は、龍馬を認めませんでした。妹に送った手紙の中で、「龍馬はまともな学問をしていない人間だから、相手にしてはいけない」と書いています。

私たち現代の視点では、最先端の勉強をしていた龍馬ですが、当時の感覚では、得体のしれない知識を詰め込んでいるようにしか、周囲には見えなかったのです。

海舟のおかげで歴史の表舞台に登場

武家社会の常識では、お金を得るための学問は卑しいものだ、と考えられていました。武士が身につけるべき学問は、儒学、論語などの古典であり、道徳心を養うものをいいました。

ちなみに、幼い頃、龍馬は寺子屋を一日で追い出された、という逸話もよく目にします。

これは事実ですが、追い出された理由は決して頭が悪かったからではありません。ケンカをしたから、出入り禁止になったのです。それ以降、龍馬は寺子屋には行きませんでした。

しかし、かえってそれがよかった。思う存分に実学に打ち込むことができたのです。

彼は早い時期に、オランダ語や西洋流砲術を習っています。近所の島与助《しまよすけ》（重親《しげちか》）という西洋流砲術家からオランダ語、西洋の知識、そして砲術について学びました。

この島の兄弟弟子が、土佐藩の西洋流砲術家・徳弘孝蔵《とくひろこうぞう》です。のちに龍馬は、この徳弘の門に入って、さらに西洋流砲術を磨いています。

二十一歳で、砲術の試し撃ちを龍馬はしていますが、それをするには三角関数を用いて、弾道計算ができなければなりません。オランダ語の文献や、大砲の設計図までを引ける能力も必要です。

基本の勉強をしっかりしていたからこそ、龍馬には試し撃ちができたのです。

龍馬は西洋の知識に触れるほど、日本の技術や戦力では到底、欧米列強に太刀打ちできないことがわかりました。

そして、黒船が艦隊で攻めて来れば、日本は植民地化されてしまうという危機感も、当然、彼の中では生まれていたかと思われます。

そんな龍馬が、江戸に留学して門を叩いたのが、佐久間象山《しょうざん》（ぞうざん、とも）でした。象山の塾に入門していた龍馬の、直筆のサインは現存しています。

信州松代藩士の佐久間象山は、西洋流砲術の大家です。彼は幕末における〝知の巨人〟といった存在であり、師匠としてはもってこいの人物でした。

ところが、龍馬が入門してから半年ほどで、象山は幕府から国許に蟄居させられてしまいます。象山の弟子・吉田松陰が、ペリーの黒船に乗り込み、海外に出ようとした企てに、象山が荷担した、と判決されたためでした。龍馬は途方にくれました。

そこで龍馬が次の師匠に選んだのが、幕臣の勝海舟です。海舟と出会って龍馬は、自分の進むべき道を明確に見つけます。ついでながら、海舟と龍馬は象山の門下生でもありました。

象山は海軍に関する知識は多少持っていましたが、海軍の実務経験はありませんでした。

実際に、黒船を動かす技術を持っていたのは、長崎海軍伝習所で演習をして学んだ海舟です。

海舟は龍馬に対して、黒船を動かす技術や操船についての、自分の経験を語ることができました。

そして何より、海舟は一脱藩郷士の龍馬が求める、海軍を教えてくれる先生でした。十四代将軍・徳川家茂《いえもち》に直談判し、開設されることになった神戸海軍操練所の隣に、海舟は自分の私塾を立ち上げることを認められていたのです。

正規の海軍操練所には、脱藩郷士の坂本龍馬が入れないため、海舟は私塾で龍馬にも、同じ内容の授業を受けさせることにしたのです。

また、海舟は龍馬を見込んで、自らの代理人として各藩に使いに出しています。例えば、越前福井藩の前藩主・松平春嶽には、「海軍事業をやるお金が足りないので、貸してください」と言い、「操縦に使う軍艦がないので貸してください」などの、交渉に龍馬を赴かせています。

脱藩郷士である龍馬は、各藩の有力者に顔を売ることができ、のちに歴史の表舞台に出ていくきっかけを掴みました。

龍馬は海舟と出会う前に、西洋の学問の基礎を勉強していました。海舟は手取り足取り基礎を教えることはしませんでしたから、すでに基礎ができていた龍馬は、手間のかからない優秀な学生だったと言えます。

海舟はまだ出世する前に、私塾「氷解塾《ひょうかいじゅく》」を開いていましたが、蘭学の素人にイチから教える気がありませんでした。塾頭に、のちに〝日本近代統計の祖〟と言われることになる杉享二《こうじ》や、のちに日銀総裁になる富田鉄之助を迎えて、彼らに教えることを任せていたほどです。

海舟と龍馬は、相性のいい師弟でした。龍馬としては基礎を学んだうえで、それを次にどのように活かすかという段階で、海舟に出会えたのは幸運だったでしょう。

勝海舟と坂本龍馬は、幕末における最高の師弟コンビだった、と言えると思います。

吉田松陰と高杉晋作

長所を伸ばす教育のおかげで志を持つことができた

幕末の長州藩の英雄である高杉晋作は、吉田松陰の門下生で、久坂玄瑞と並ぶ逸材と言われた人物です。

日本中の大名が幕府の指揮の下、長州藩を攻めた第二次長州征伐のおりには、高杉と軍師の章で紹介した大村益次郎の活躍で、見事、長州藩は大敵を撃退することに成功しました。

逸材・高杉晋作はどのようにして誕生したのか。まずは、松陰と出会う前の晋作から紹介していきましょう。

高杉は、天保十年（一八三九）、長州藩の上級藩士の家に生まれました。彼はのちに、結核で若くして亡くなるわけですが、やはり幼い時から体が弱かったようです。病弱で、しかも一人息子のため、周囲から大事に育てられました。

甘やかされてもいたのでしょう、高杉はわがまま放題に成長します。何をやらせても根気がなく、剣術を学ばせても、ほどほどのレベルになったら、中途半端で投げ出してしまうといった具合でした。

師からのひと言でやる気に火が付いた

そんないい加減な高杉でしたが、十代後半に、友人に誘われて松下村塾へと入門します。最初は、冷やかし気分だったようです。

しかし、ここで吉田松陰に出会ったことが、彼の人生を変えます。松陰のたったひと言が彼を変えたのです。

「君は勇気がある。決断力もあるね」

それまで度々、悪行を叱責され、周囲からダメなヤツだ、と烙印を押されつづけてきた高杉は、松陰に褒められて、さぞや嬉しかったことでしょう。

松陰の、この相手をやる気にさせる能力は卓越したものでした。

日本に開港を迫るためやってきたペリーの黒船に、乗船しようとした罪で、松陰が長州藩の牢屋に入れられた時のことです。

当然ですが、牢内は罪を犯した者ばかりですから、空気は暗く、楽しいことなどありません。そこで松陰は、同じ牢内の囚人たちと勉強会を開いたのです。

それぞれが得意なことを皆に教え、学び合おうではないか、と提案しました。

書道が上手い人は書道の先生になる。俳句が好きな人は俳句の先生になるのです。

松陰自身は『論語』や『孟子』を囚人たちに講じました。

彼らは役割を与えられたうえに、さらに新しい知識も得られたので、皆いきいきとし出します。囚人たちは学ぶことの楽しさ、喜びを存分に味わい、明るくなったのです。

これこそが教育者の役目であり、松陰はその能力に長《た》けていたと言えるでしょう。

こんな松陰ですから、高杉に対しても、彼の短所には触れずに、長所を伸ばす教育をしました。「君には勇気がある。決断力もある」と、高杉の才能を認めたのです。

そのうえで、タイプのまったく異なる秀才の久坂玄瑞と競わせました。負けず嫌いの高杉は、がぜんやる気になりました。上手に競争意識を持たせることも、教育には大切なことです。

それまでの高杉は、どこへ行っても、何をやっても、長つづきしませんでした。良家の息子で、才能もあるのでみんながチヤホヤします。ですから、懸命に学ぶということがありませんでした。

ダラダラと生きてきた高杉に、松陰は目的意識を与えます。

「高杉君、学問というのは出世のために学ぶものではない。世のため、人のためになるように学問はするのです」

何のために学ぶかわからないでいた高杉は、松陰の言葉に目を開かれた思いだったでしょう。必死で勉強に取り組むようになり、すぐに頭角を現します。そして幕府が上海に出した視察団に、長州藩の代表として選ばれたのです。

私と共に決起してほしい。しかし……

初めての海外で、高杉はカルチャーショックを受けます。

上海では現地の清国人が、西洋人たちから奴隷のような扱いを受け、こき使われていました。

彼の胸に危機感が芽生えます。日本もいずれ、欧米列強の植民地にされるのではないか。しかし、今のままでは、黒船相手に戦っても勝ち目はない……。

強い危機感を抱いて帰国した高杉ですが、このあたりから師・吉田松陰との間に、意見の相違が生まれます。

松陰は教育者としては立派でしたが、その思想や行動が過激すぎました。理想の国家をつくるためには、老中を暗殺することも辞さない、という革命家的発想を持ちはじめます。

高杉からすれば、過激すぎてついていけない、という感じだったろうと思いますが、一方で松陰からすると、自分は大義のために動いているのに、君たちは己れの功名や保身で動いているのか、と映りました。

「私と共に決起してほしい」と松陰から誘われた高杉でしたが、素直に従うことはできませんでした。

袂を分かったまま、結局、松陰は大罪人として江戸で処刑されてしまいます。

高杉は無念だったでしょう。もし、松陰と出会わなければ、きっと人生を無為に過ごしていたはずです。

適当に生きていた自分を認めてくれたうえに、目的意識を持たせてくれた先生が幕府に殺されてしまったのです。しかも、恩師からの誘いを断ったため、いい別れ方ができませんでした。

せめてもの償いとして、高杉は仲間に「松陰先生の汚名は必ずそそぐ」と宣言します。

そして、長州藩全体を動かして幕府に詰め寄り、安政の大獄で処刑された吉田松陰の名誉を大赦令により、取り戻すことに成功しました。

教育者として優れた吉田松陰に出会うことで、人生の目的を見出した高杉晋作。私たちは彼の人生を通して、師の大切さを改めて知ることができるのです。

虎哉宗乙と伊達政宗

内に籠る政宗少年に希望を与えた師匠

戦国時代、〝遅れてきた英雄〟と言われたのが、東北の雄・伊達政宗です。もう少し早く生まれていれば、織田信長や豊臣秀吉、徳川家康と天下を争い、政宗が勝って天下統一を果たすということが、あったかもしれません。

それほどの才能を持つ政宗ですが、その幼少時代は大きな劣等感を抱えており、自信のない内気な少年でした。

きっとそのまま成長していれば、伊達家の名は今に残らなかったでしょう。周りは敵だらけの戦国時代、あっという間に領土を奪われたはずです。

しかし、政宗少年は一人の師と出会い、人生が変わりました。彼を歴史に残る名将に導いたのが、名僧・虎哉宗乙《こさいそういつ》です。

少年時代に受けた心と目の傷

政宗は五歳の時に天然痘を患い、生死の境をさまよいました。なんとか一命は取り留めましたが、右目の視力を失ってしまいます。

片方が見えないのは、武士としては致命的です。敵と相対した時に、自分の右側からの攻撃に備えることができません。遠近感も掴みにくいでしょう。馬に乗るようになっても、弓で矢は射ることは難しいはずです。

さらに、失明した右目が腫れあがり、政宗は醜い己れの顔に絶望しました。彼は幼くして、救いようのない闇を抱え込んでしまったのです。

もともと政宗の母親は、息子を一生懸命に育てていました。ところが天然痘は、当時の医学では治せない病であり、彼女は自分の無力さを呪います。

母親は罪の意識から逃げるように、政宗の弟・小次郎を可愛がりました。次第に政宗は、母親に避けられるようになっていったのです。

このままいけば、彼は廃嫡されて当主になる権利を失い、蟄居させられるか、寺に預けられて僧侶にさせられるかのいずれかだったでしょう。

しかし、父・輝宗は息子の政宗を見捨てませんでした。輝宗は凡将と言われていますが、実際はなかなかの名将でした。

当時の東北地方は、京都から遠く離れた僻地《へきち》であり、情報が伝わってくるのも遅い場所でした。

しかし輝宗は情報収集に努め、中央で何が起きているかを把握しようとしました。勢いを増す織田信長には、鷹を自ら献上して誼《よしみ》を通じています。

人を見る目のあった輝宗は、幼い政宗に才能の片鱗を感じていたのでしょう。

まずは政宗に自信をつけさせるために、彼が元服の際に、伊達家中興の祖と言われる九代当主・大膳大夫《だいぜんたいふ》政宗の名を、息子に与えました。

政宗は、父の期待と愛情を感じたことでしょう。野球で言えば、永久欠番に値するような名誉ある名＝諱《いみな》を、母親から見捨てられ、周囲からも見放されている自分に、父は与えてくれたわけですから。

一方で、中興の祖である政宗を受け継いだからには、自分も先祖と同じように頑張れるのではないか、との希望も生まれたはずです。

「何もできない自分」から「何でもできる自分」へ

――さらに輝宗は、政宗に英才教育を施しました。

彼は、名僧として名高い虎哉宗乙を招き、政宗の師としたのです。

当時、武将の子どもは書道、読み書き、和歌を詠んで勉強しました。最初に文字を覚えるテキストとしてお経を読むので、手習いの師匠は僧侶が選ばれることが多かったのです。僧は武将の子に四書五経や、般若心経を読ませて文字を教えました。

政宗の師となった虎哉は、この伊達家の嫡男を厳しく指導しました。

ウジウジして自信のない政宗に、「片目が不自由で大変ですな」などと言って、甘やかせたりはしません。

「今のままなら、あなたは廃嫡されるかもしれません。なぜなら、誰からも愛されていないからです」

虎哉はズバリ、指摘します。

「でも、もしあなたが変わりたいと望むなら、伊達家の当主にふさわしい人物になりたいと願うのなら、拙僧がいくらでも力をお貸ししましょう」


師・虎哉の厳しくも、愛情のある接し方に、政宗は次第に心を開いていきました。

そして日々、鍛えられる中で、政宗は初めて自分の可能性に気づいたのでした。

自分は人よりも劣っていると思い込んでいたけれど、これもできる、あれもできるんだ、と本当の自信を一つずつつけていきました。

最近は、褒めて伸ばす教育が主流になってきているようですが、もちろんいい面もある反面、逆境に弱く、自分で乗り越える力のない子に育つリスクもあります。心が折れやすいのです。

先生や親は、子どもに生涯寄り添ってやれるわけではありません。一人で生きていく力を、身につけさせることが重要なのではないでしょうか。

実際、虎哉の指導により、自信をつけ、才能を開花させた伊達政宗は、その後、戦国屈指の大名に成長していきました。

結局、政宗は天下をとることはできませんでしたが、東北一の大名として、江戸時代に入ってからも影響力を持ちつづけました。

多くの戦国大名が取り潰される中、政宗は三代将軍家光の時代まで生き延び、将軍からも特別待遇を受けています。

天下泰平の時代になっても、政宗が重用されたのは、彼に高い教養があったからです。

戦国大名の多くは、勉強する暇などなく、槍を担いで合戦に明け暮れていました。しかし、乱世が終了すれば、彼らはやることがなくなってしまいます。

趣味がなく、昼間から酒ばかり飲んで寿命を縮めた大名も、少なくありません。

前田利家は晩年になってから、加藤清正や福島正則に論語を読むことを勧めたりしています。

もし政宗に教養がなく、武芸一辺倒の武将であったならば、幕府からその存在を危険視されて、伊達家を取り潰されていたかもしれません。

しかし政宗には、虎哉から鍛えられた教養の基礎があり、それをベースにして彼は毎日、仙台城の広い厠《トイレ》に籠って、勉強をしていたといいます。彼の厠には、文机も本棚もありました。これはもう、立派な書斎ですね。

虎哉からの教えは、政宗を廃嫡の危機から救い、東北一の雄藩を作り上げる原点となり、そして伊達家を安泰たらしめました。

政宗に自信をつけさせ、学問の基本を教え込んだ虎哉は、師として優秀であり、教えを自分のものにし、生きていく糧にした政宗も立派な弟子だったと言えるでしょう。

空海と弟子たち

ライバル・最澄との違いは、相手目線か自分目線か

平安時代の僧で、真言宗を開いた空海。弘法大使の名で記憶している人も多いはずです。彼は師として極めて優秀であり、理想的な人物でもありました。

空海が師としてどう優れていたかを話す前に、彼の勉強への取り組み方を紹介しましょう。彼もまた、苦学して、その後の成功を掴んだ一人なのです。

空海は、宝亀五年（七七四）に讃岐（現・香川県）の地方豪族の家に生まれました。十五歳の時に、勉強をするため京の都に上ります。成績が優秀だったため、十八歳で「大学寮」に入学しました。

大学寮とは、唐（現・中国）の制度を真似た教育機関です。明経（経済学）、文章（文学）、明法（法学）、算（理数）などの学科が設けられていました。

空海はその中の、明経科の学生となります。順調にそのコースを進んでいけば、ゆくゆくは国家の上級官僚となったでしょう。

しかし、空海は大学寮を中退します。官吏となるための勉強に勤しむことに、どこか虚しさを感じたからでした。

猛勉強して遣唐使の一員に選ばれた

彼は人はなぜ生まれて、なぜ死ぬのか、という哲学的な命題に憑《と》りつかれていました。それを追究するため、空海は大学寮を中退して、私度僧《しどそう》（民間の僧）になります。

しかし、当時の仏教では、空海が抱える難問に答えることができませんでした。仏教の集大成である南都六宗（華厳宗・法相宗・三論宗・倶舎宗・成実宗・律宗）を学んでも、そこに答えはなかったのです。

そんなある日、空海は密教であれば、その問いに答えられるかもしれないと知ります。ただ、当時の日本には密教がまだ断片的にしか伝わっておらず、体系的に学ぶことはできませんでした。

そこで空海は、密教が盛んな唐に行くことを決意します。

とはいえ、現在のように気軽に海外に行ける時代ではありません。行くには、遣唐使の一員・留学生《るがくしょう》に選ばれるしかなく、そのためには中国語を学び、密教の本場であるインドのサンスクリット語（梵語）も学ばなければなりません。

空海は東大寺で出家し、官僧となり、さらに試験をパスして、遣唐使の一員に選ばれました。

遣唐使が無事に行って帰ってこられるかは、天運次第——それでも唐に着いた空海は、サンスクリット語を急ぎ学び、密教の正統な伝承者である青龍寺の恵果和尚を訪ねます。恵果は会ってすぐに、空海が日本で密教の断片を学んできたことを見抜きます。

高齢であった恵果は、自分の寿命が短いと悟っていました。そこで驚くべきことに、異国からやって来た空海を密教秘伝の伝承者として選んだのです。

空海は、伝法阿闍梨位《でんぼうあじゃりい》の灌頂《かんじょう》（香水《こうずい》を頭に注ぎ、僧位を授ける儀式）を受け、「この世の一切を遍《あまね》く照らす最上の者」を意味する遍照金剛《へんじょうこんごう》の灌頂名まで与えられたのです。日本から来た僧が、すぐに千人を超える弟子を追い抜いて、後継者に指名されたのでした。

空海は密教を受け継いだ者として、一刻も早く日本に帰ってこれを布教したい、と思うようになります。

しかし、本来、彼は留学生として二十年間の勉強を命じられていました。通常、遣唐使の派遣は二十年に一度ですから、その期間でしっかり学んでから帰ることが義務付けられていたのです。それ以外、日本に帰国する手段はありませんでした。

空海は、途方に暮れたことでしょう。ただ、一縷《いちる》の望みを持って、いつ帰ることになってもいいように、と準備だけは進めました。

渡航時に、二十年間の滞在生活に困らないだけの、官費が支給されていましたが、空海はそれを一年余りで使い果たしてしまいます。

本場の仏具・仏像を買い求め、人を雇って経本を写本させ、その他、最新の技術や知識を得るために一気にお金を使ったのです。

そんな中で、予期せぬことが起こりました。唐の皇帝が亡くなったのです。そして、その弔問のためにと、新帝即位の祝いを兼ねて、臨時の遣唐使が日本からやってきたのでした。

エリート最澄とたたき上げの空海

本来なら、二十年は日本に帰国できなかったはずでしたが、空海は予定外の遣唐使の帰国に合わせて、日本に戻ることができました。

もしこのイレギュラーな遣唐使がなければ、正式な次の遣唐使は空海が亡くなってから四年後に派遣されています。彼は再び、故国日本の地を踏むことはできなかったはずでした。なんという、強運でしょうか。

とはいえ、結果的に二十年努めなければならない留学を、空海は二年ほどで終了させたわけです。その違反行為に対して、京の都では空海を非難する動きもありました。

空海はそうした声に反論せず、学んできた密教をじっくり整理することに時間を使いました。全体像から細かい部分まで整理して理解し、そしてそれをどのように多くの人々に伝えるか、シミュレーションまでしたのです。

密教を知らない人たちに、どう説明すれば伝わるか。仏教の僧らと論戦になった時は、どう対応すればいいのかなど、密教の布教の準備を秘かに進めたのでした。

一方、空海と同じ遣唐使として唐に渡り、空海と同じ船で帰国した人物に、最澄がいました。歴史を習う際に、空海と対《つい》で最澄を覚えた人も多いと思いますが、空海の真言宗に対して、最澄は天台宗の開祖です。

最澄は現代でいえば、文科省の政務次官として唐に渡っていますので、空海のように満期二十年の留学生とは立場が違い、何年で戻ってきても文句を言われる筋合いはありませんでした。

しかも最澄は、桓武天皇の前で「これ（密教）が、本当の仏教です」と、留学の成果を報告したほどの人物です。

最澄には、国の代表として本場で勉強してきたエリート意識が強くありました。

そのため、相手の考えが自分と異なる場合、相手を激しく糾弾しました。例えば、前述した南都六宗に対しては、「考え方が古い」とハッキリと否定したのです。

南都六宗は厳しい戒律や学問を必要とし、出家して僧侶になることが重要視されていたために、大衆が信仰するには狭い世界でした。感覚的には、宗教というより哲学に近い雰囲気といえるかもしれません。

それに対して、唐で最澄が学んできた密教は、誰でも信仰心があれば救われるというものでした。最澄は南都仏教を否定したため、南都との関係は険悪なものになってしまいます。

最澄の弟子をやめて空海の弟子に

ところが最澄と違い、空海は南都仏教を否定するようなことはしませんでした。

当時、日本では密教がブームになりつつあったため、空海は地道に辻説法を始めていました。

説法を聞いて、「いや、密教よりも従来の仏教の方が優れている」と、空海に絡んでくる人がいても、彼は「そうかもしれませんね」と相手をまずは受け入れます。そして相手を認めながらも、同時に密教をわかりやすく説き、自分の教えも広めていきました。

空海の願いは、日本に正統な密教を根付かせる、ということです。そのためには、一人でも多くの人に自分の話を聞いてもらう必要がありますので、最澄のようにケンカを売り買いしたりはしませんでした。

すると次第に、「空海というすごい僧がいる」と評判が広がっていきました。そして、「空海と最澄は、どちらが優れているのか」と、エリートである最澄と並び称されるまでに、名声が上がったのです。

そんなおり、最澄が南都六宗の僧と、密教について公開の論争となり、負けてしまうといったことがありました。

事前に日本で密教を学んでから唐に渡った空海とは違い、最澄は現地で初めて密教に出会ったため、それも本流ではないものを学んだために、空海に比べて密教への理解は浅かったと言えるでしょう。

そこに空海が登場し、両者をとりなします。

「決して、どちらも間違ってはいません」

そう言いながら、自分こそが密教の正統な後継者であることを宣言し、学んできた教義を披露したのです。空海の評価は、最澄に並ぶどころか上回るほどに大きくなったのでした。

次第に、空海に教えを請いたいという人が増え、彼の十大弟子と言われる真済《しんぜい》、真《しん》雅《が》、実恵《じちえ》、道雄《どうゆう》、円明《えんみょう》、真如《しんにょ》（高岳《たかおか》親王）、杲隣《ごうりん》、智泉《ちせん》、忠延《ちゅうえん》、泰範《たいはん》は、空海から直接に教えを受けました。

このうちの泰範は、もともとは最澄の弟子であったのですが、空海に惹かれて師事したほどでした。

また、空海は、庶民に対しては小難しい理屈をこねるよりも、「これが極楽浄土です」と豪華絢爛なビジョンを見せました。彼は唐から仏像や金ぴかの屏風などを持ち帰り、当時の日本の仏教にはない壮大で美しい世界観を示したのでした。

庶民には、何人もの僧が一斉に読経をする「声明《しょうみょう》」も聞かせました。人々は、「これが極楽かあ。夢みたいな世界だ」と衝撃を受けたことでしょう。

そのうえ空海は、庶民に対して、現世利益まで提供しています。

例えば、疫病が流行すると、「密教であれば対処できます」と請け負います。護摩を焚いて、一斉に経を唱える姿を見れば、平安時代の人々は「ご利益がありそうだ」と感じたことでしょう。

さらに空海は、土木の知識も唐から持ち帰りました。

当時、井戸を掘る技術と道具は、唐の方がはるかに進んでいました。その最新の土木システムを日本に持ち帰ったのです。

そして簡単に井戸を掘ってみせれば、まるで奇蹟が起きたように見えます。現在でも、全国に空海ゆかりの井戸が残っています。

最澄は自分が正しいと信じることを、相手にそのまま伝えようとしましたが、空海は相手に合わせて、相手の気持ちを考えながら伝える工夫をしました。

両者とも優れた僧でしたが、どちらを師としたいかと言われれば、答えは明らかではないでしょうか。

天下人の勉強法㊃
好きなこと、得意なことだけを追究した織田信長

織田信長といえば、古い権威を叩き潰し、新しい実力主義の時代を築いた、というイメージを持つ人も多いでしょう。

こうした偉業を、生まれ持った才能でやり遂げた人物。決してコツコツ努力するような人ではない、というのが信長の一般のイメージだと思います。

しかし実際は、彼の数々の偉業は、信長の父・信秀の教育による成果だった、と言うことができます。どういうことか、詳しく説明していきましょう。

信長の父である織田信秀は、文武に優れた人物でした。

元々は尾張一国どころか、清州という地域の三奉行のひとりに過ぎませんでした。

それを彼は、尾張を支配する守護代を圧倒するほどの、権勢と人望を持つまでに、勢力を広げたのでした。

信秀は武勇に優れているだけではなく、蹴鞠や歌道、礼法にも通じた文化人でした。非常に勉強熱心な武将だったのです。

教養を身に付けるため、わざわざ京から公家や有職《ゆうそく》故実《こじつ》に詳しい人物を招いては、指導を受けていました。

ところが、嫡男である信長に対しては、自分と同じ教育を一切させていません。

それどころか、当時の大名の必須科目であった儒学・仏教・連歌や、中国の古典の暗記なども無理にはやらせなかったのです。

信秀自身は、都の公家の間でも名が知られるレベルの教養がありました。和歌も連歌も、見事に詠めたのです。

並みの親の感覚なら、子どもの信長にも自分と同じ教育を施《ほどこ》したい、と思うに違いありません。

しかし信秀は、時代の先を読んだうえで、信長をどう育てるかを考えました。

時代は、室町時代から戦国時代に移り変わり、いよいよ激しさを増しています。

これまでのように、隣り合う敵同士が、小競り合いをくり返す程度の戦いでは済まなくなる、と信秀は感じていました。

時代が大きく変わる中で、これまでの知識、教養をただ身につけるだけでは、せいぜい自分がやってきた程度で終わる。

新しい時代を切り開き、生き抜くためには、常識を超える発想が必要であり、積極的にどしどし挑戦していく気持ちが、何よりも大事であると考えたのでした。

信秀はそう考えて、信長には彼がやりたいこと、求めるもの、得意なことだけをやらせるようにしました。

決して上から押し付けたりせず、信長が自ら求めたものだけを与える教育を施したのです。

信秀は京とのパイプを持っており、いずれの分野でも天下の名人を呼ぶことができたのも、大きかったと思います。

信長が馬に乗りたいといえば、馬術の達人を連れてきて、教えてもらう。信長がのちに、合戦の前後で一騎駆けをするのは、馬術に自信があってこそ可能なことでした。

また、最新鋭の鉄砲の練習にも、好きなだけ打ち込ませました。橋本一巴という達人を尾張に呼び寄せ、指導させています。

自ら鉄砲を撃ったことのある戦国武将は多いでしょうが、せいぜい試し撃ち程度で終わっています。しかし信長の射撃は、相当な腕前まで鍛えあげられていました。

言ってみれば信秀は、長所を徹底的に伸ばす教育を、信長に施したのでした。

裏を返せば、コンプレックスを抱かせない教育をしたのです。

人はうまくできなかった経験を、引きずって生きてしまいます。それは劣等感となり、そのジャンルが得意な他人に対しては引け目さえ感じます。

でも、信長は子ども時代から、何をやっても上手くなったという成功体験しかないため、何に対しても、誰に対しても、コンプレックスを抱くことがありませんでした。

学問は得意な家臣に任せておけばよい、自分よりも学問に詳しい人間がいても、信長は劣等感を持ちませんでした。

なぜなら、自分は取り組んだことはすべからく上達したわけですから、学問だって真剣にやれば一番になれる、と本人は確信していたからです。

そんな教育を受けた信長ですから、いい意味で自分が信じる道を、揺るぎない気持ちで進みつづけることができました。その結果、既存の体制を打ちこわし、新たな国作りに邁進したのです。

信長の例は、いかに親の教育が大切かがよくわかるものです。

父・信秀は、〝天下布武〟を実行する教育を、息子信長に施したのですから。

第五章

「学び」を習慣化する極意

成功者たちの、それぞれの勉強法については、ここまで紹介してきた通りです。

早朝から勉強に励んだ田中角栄や、借金して学びを追究した勝海舟……彼らの話を読んで勉強に対する意欲が高まった人も、読者の中にはいるかもしれません。

ただ、いざ始めようと決めても、今日はいいか、明日からにしよう、と先延ばしにしてしまうこともあるでしょう。

あるいは、はじめの数日は気合いを入れてやったけれど、段々と熱が冷めてきて、実質〝三日坊主〟で終わってしまった、という経験がある人もいるかもしれません。

大切なのは、学び、やる気を習慣化することです。

多忙な日々において、継続的に勉強することは、決して簡単なことではありません。

では、成功者たちはどのようにして、学びを習慣化したのでしょうか。

最後の第五章では、そのあたりを探っていきたいと思います。

福沢諭吉も大隈重信も楽しく学んだ

勉強を習慣化できる人には、ある共通点があります。それは、勉強を「楽しい」と感じて行ったことです。

ツラいことをつづけるのは、誰だってイヤですから、長つづきしません。成功者たちは学びの中に楽しさを見つけて、自らモチベーションを上げていったのです。

例えば、今でいう〝ゲーム感覚〟で愉しんでいたのが、「慶應義塾」を創始した福沢諭吉です。

第一章でも紹介しましたが、彼が若い頃に学んでいた大坂の適塾は、成績順で宿舎の、自分のスペースが決まる仕組みになっていました。

建物の二階が塾生たちの宿舎だったため、二階の何処の畳を自分のものにするかが、極めて重要でした。

例えば、階段の手前の位置は、頻繁に人が出入りするエリアですから、落ち着きません。そんな場所で寝ていたら、夜中にトイレに行く塾生に踏まれてしまうかもしれず、おちおち寝てはいられません。

一方、成績優秀な人は、窓際の場所を確保して、誰にもジャマされずにゆったりとくつろげます。夜もグッスリ、眠れるでしょう。

今時、こんな仕組みを採用すれば、生徒同士の関係がギスギスしてしまうかもしれませんが、当時は意外に、良い方に作用していました。そもそも勉強自体が、今のようなペーパーテストではなく、討論《ディベート》形式でしたから。

あるテーマについて、丁々発止、お互いの意見をぶつけ合い、誰の意見がもっともよく考えられていて、優れているかを皆で決めました。

ですから、素直に優劣の結果を受け入れ、次はもっと頑張ろうという気持ちになれたのです。いわば元気に、楽しんで勉強していたわけです。

なかでも福沢諭吉は、塾長になるほど成績が優秀でした。勉強が一区切りすると、彼はまだ日本に出店されたばかりの焼肉屋に行って、肉を焼いて食べるのが好きでした。出身地の豊前中津（現・大分県中津市）にはない料理を、楽しんでいたのです。

勉強以外の楽しみも見つけながら、一方で大いに学んだのでした。

「勉強は楽しんでするもの」という考え方は、早稲田大学（正しくは前身の東京専門学校）の創始者・大隈重信の信念でもありました。

彼は「なぜ学校を作ったのか」という質問に対し、「誰もが自由に勉強ができる場所を作りたかった」と答えています。

実は、大隈の出身である肥前佐賀藩は、非常に教育熱心な藩風で知られていました。いえ、むしろやりすぎ、と言えるかもしれません。

なにしろ、藩士の子弟の成績が振るわないと、その家の家禄が削られてしまうのです。これではとても、〝楽しむ〟などということはできなかったかに違いありません。ですから、みんな必死になって勉強しました。生活が懸かっている以上、甘いことは言っていられません。

それこそ足の引っ張り合いも、イジメも生じます。大隈はそんな環境が嫌でたまらなかった、と言います。だからこそ、純粋な気持ちで勉強ができる理想の場＝早稲田大学を作ったのです。

昼に三千字、夜に千字、漢字を覚えた新井白石

江戸時代中期の朱子学者・新井白石《あらいはくせき》も、勉強の中に楽しみを見出した一人でした。彼は、六代将軍徳川家宣《いえのぶ》の傍に仕え、〝正徳《しょうとく》の治〟と呼ばれる改革を行ったことでも知られています。

先代の五代将軍綱吉が行った、悪名高き「生類憐《しょうるいあわれ》みの令」を撤廃し、賄賂による政治の腐敗を許さず、公平な裁判によって数多くの冤罪者を救いました。

明暦三年（一六五七）、上総国（現・千葉県中部）の久留里《くるり》藩の藩士・土屋家に生まれた白石は、幼少の頃から探究心が旺盛でした。

九歳のおりに、多くの事柄を深く知るには、文字を読めなくてはならない、と教えられ、できるだけ早く文字を覚え、理解しようと努力します。

そこで白石は、毎日、漢字を昼間は三千字、夜は千字を覚える、という過酷なノルマを自分自身に課しました。今のように、照明のある時代ではありません。夕方になって日が沈みかければ、白石は机を縁側に持ち出して、わずかな夕暮れのあかり

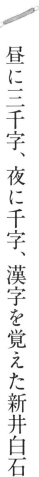

（光）で、文字を書いて覚えたといいます。

そして夜になり、眠たくなってくると、服を脱いで桶の水を頭からかぶり、さらに漢字を書きつづけたそうです。

そばから見ると、白石の行いは、苦行のように映るかもしれません。

しかし、白石本人は漢字を覚えるまで寝ない、と自らに課したルールを楽しんでいたのです。それは一方で、自分の限界への挑戦でもありました。

しかも、漢字を覚えれば覚えるだけ、一日でも早く、多くの書物を読むことができるのです。読む書物が増えるということは、知りたいことを好きなだけ学べるのですから、楽しくて仕方がなかったでしょう。

少年時代に勉強習慣を身に付けた白石は、周囲の誰よりも学問の基本を早く修めることができました。そのため、若いうちから学者として名を馳せることができたのです。

しかし、白石が二十歳の頃、久留里藩のお家騒動に巻き込まれ、彼は追放処分を受けてしまいます。牢人の身となってからも、白石は勉強をつづけました。

そして、牢人になってから十六年後、のちに将軍となる徳川家宣から「召し抱えたい」と申し入れがあったのです。

白石はこれに応じ、その後、家宣が将軍となると同時に、幕閣に加わり、前述した改革を行っていくのです。まさに勉強によって、最高の出世を遂げた白石――。

学びつづけた、賜物でした。

「化学」という言葉を最初に使った宇都宮三郎

楽しんで学ぶことが大切である例として、もう一人紹介しましょう。

幕末から明治にかけて活躍した、宇都宮三郎です。

彼を知らない人は多いと思いますが、「化学」という言葉を知らない人はいないのではないでしょうか。

宇都宮は日本に「化学」という言葉を生み出し、定着させた人物でした。日本の化学工業部門の、先駆者と言っていいでしょう。

このように述べますと、さぞや幼少から勉強が良くできたのだろう、と思い込む読者がいるかもしれませんが、天保五年（一八三四）、尾張藩（現・愛知県西部）の藩士の三男として生まれた宇都宮は、若い頃は素行不良の悪童でした。

藩校である「明倫堂」に入学しても、真面目に勉強をせず、いたずらと喧嘩ばかりの毎日でした。

藩校に入って三年目に、「オレの頭では、学問で身を立てるのはムリだな」と見切りをつけ、軍学や和流砲術へと方向転換をします。これは宇都宮の性格に向いていたようで、みるみる上達しました。

そして修行の途中で宇都宮は、西洋流砲術に出会い、驚嘆します。当時、日本の和流と欧米列強の西洋流では、大砲の性能に格段の差がありました。

欧米列強の植民地から日本を守るためには、大砲の火力を高めなければなりません。そこで宇都宮は、火薬の製法である「離合学（物理化学）」に目を付けます。

日本と西洋の軍備の差は、つまるところ火薬の威力の差にあるのではないか――。

そこからの宇都宮は寝食を忘れて、火薬の研究に没頭します。彼は熱中すると、一日中何も食べずに打ち込みました。その結果、砲弾が敵陣に着弾してから爆裂する〝着発弾〟の発明に成功したのです。

宇都宮はさらに学ぶため、藩の許可を得て、江戸に遊学します。そこで彼は、勝海舟と出会いました。海舟は「幕府に入れば、もっと金のかかる研究ができるようになるぞ」と彼を誘います。

宇都宮は幕臣へと転身しました。

そして幕府の「離合学応用の精錬所」を「化学所」と改めました。日本で「化学」という言葉を、最初に使ったのが彼でした。

藩校一の悪童で、勉強嫌いだった宇都宮が、幕府の要職を任される学者として身を立てることになったのも、「これは面白い！」という興味のあることを見つけて、〝好き〟を形に、楽しんで勉強に励んだからでした。

倒産寸前の米沢藩に入った上杉鷹山の学び

なせば成る　なさねば成らぬ　何事も　成らぬは人のなさぬなりけり――。

これは江戸時代の藩政改革者として有名な、上杉鷹山《ようざん》（諱は治憲《はるのり》）の言葉です。

どんなことも、強い意志をもってやり抜ければ、必ず成就するという意味です。

実際、鷹山は強い意志をもって、米沢藩の財政改革を進め、見事に再建することに成功しました。

今もなお、改革のお手本として、広く参考にされているほどです。

彼が藩主になっておよそ五十年もの間、試行錯誤しながら改革をつづけられた原動力は、自らの使命感にありました。改革は自分の使命である、と信じて、失敗しても鷹山は学びつづけたのです。

ではなぜ、鷹山は改革することを、自らの使命と位置付けることができたのでしょうか。彼の歩みを振り返りながら、見ていきましょう。

鷹山は戦国の上杉謙信以来の、名門・上杉家の藩主家の子ではありませんでした。彼は寛延四年（一七五一）、日向国（現・宮崎県）の高鍋《たかなべ》藩の藩主・秋月種実《あきづきたねざね》の二男として生まれています。

鷹山の祖母が、上杉家につながる人物（母方の祖母が四代藩主綱憲《つなのり》の娘）だった関係で、十歳で米沢藩上杉家に養子入りしたのです。この時、米沢藩の財政は、すでに崩壊寸前となっていました。

戦国時代の謙信の頃の上杉家は、石高最大二百四十万石を誇る大大名でした。次の景勝の代になっても、まだ百二十万石ありました。

しかし、関ヶ原で西軍に味方したことで、三十万石にまで一気に削られてしまいます。さらに江戸時代に入り、世継ぎがないまま当主が亡くなったため、改易は免れたものの、十五万石まで減封されてしまいました。

これだけ石高が減ったのに、上杉家では藩士のリストラをしませんでした。十五万石の身代で、三十万石の大名規模の藩士を抱えたままなのです。

これでは、破産するのは目に見えていました。鷹山の養父・重定の時代には、ついに版籍奉還――藩をやめる――を試みたほどでした。

借金が膨れ上がる一方のため、米沢藩の領地を幕府に返したい、と願い出ようとしたのです。

相談された〝御三家〟の一・尾張徳川家では、さすがに名門である上杉家を潰すに忍びない、と留意につとめました。

十七歳の鷹山が当主となったのは、そんな破産寸前の上杉家でした。

歴代の当主が誰も有効な手を打てず、しかも先代は藩を返上したい、とまで思いつめた米沢藩の再建を、十七歳の鷹山は任されたわけです。

ふつうなら、とんだ貧乏くじを引いた、と思うでしょうが、鷹山はこの厳しい現実から逃げませんでした。

養子として入ったからには、自分に課せられた使命を真摯《しんし》に受け止め、懸命に藩政改革に打ち込んだのです。

それにしてもなぜ、鷹山はそこまで頑張れたのでしょうか。その背景には、彼が四年間師事した、儒学者の細井平洲《ほそいへいしゅう》からの教えがありました。

上杉鷹山の師・細井平洲は、享保十三年（一七二八）、尾張国知多郡（現・愛知県東海市）の豪農に生まれました。幼い頃から学問に励み、その優秀さが認められて武士となり、江戸に出て私塾を営んでいました。

宝暦十三年（一七六三）、まだ藩主になる前の鷹山の師となり、平洲は中国の古典をテキストに、人の上に立つべき君主のあり方や礼儀について、講義をしました。

そして米沢藩主になる鷹山に対して、「何を行うにも勇気が必要である」という言葉を送ったと言われています。

この師からの教えを、鷹山は自らの行動の規範として、誰もが投げ出した藩政改革に、果敢にかつ粘り強く、取り組んでいったのです。

家臣や領民の気持ちに寄り添った改革

鷹山が行った改革の第一は、質素倹約でした。

「十五万石もある、と思ってはいけない。五万石の身代だ、と思って取り組むのだ」

彼は、藩士たちに言うだけでなく、自らの衣服や食事も質素にしました。また大名行列も、本来の十五万石の格式では行わず、五万石程度のそれで済ませました。しかし藩主の熱意に比べて、藩士の大半はシラけたままです。いくら藩の財政が苦しいからといっても、質素倹約を強いられたり、給金を減額されるのが不満なのです。自分たちは名門の家臣だ、との自負心も強かったのでしょう。

鷹山は正しい提案をしているつもりでしたが、家臣たちは抵抗して、現状維持を図ろうとします。

厳しい財政状況を知っているはずの重臣たちですら従わず、それどころか重臣七名は改革の中止などを訴えた四十五カ条の訴状を提出したのです。

並みの藩主なら、この時点で腰が引けて、改革を中断したことでしょう。

しかし鷹山は、訴状を客観的に検討して、いずれも理不尽な言いがかりであることを明らかにし、七名の重臣を処罰しました。

七名のうち、強訴に荷担した二つの家を切腹及び改易にし、残りは隠居及び閉門または蟄居、石高削減といった処罰を下しました。

家臣や領民に対し、厳しい節約を求める一方で、鷹山は領民にやる気を出させるために、報奨制度を取り入れました。親孝行や、長生きをした者には、皆の前で表彰して、その労をねぎらったのです。

また、定期的に年長者を集めて、「今日は無礼講で愉快にやるがいい」と宴席を設けることもありました。

さらに、節約だけでは限界があるため、藩の収入アップに向けた取り組みも始めました。

まず、米沢の特産物である織物を藩の専売制にしました。織物の素材となる青苧《あおそ》や絹を生む蚕を育てるための桑など、各々の栽培も奨励しています。

しかも、上等な織物は重臣の娘にだけ織らせました。選ばれた女性にしか織れないのだ、と説明すれば、彼女たちも武士の家としての娘の体面が保てます。

鷹山の改革には、こうした人々のメンタル面のケアが、細かく行き届いていたのです。

鷹山は、学問の師匠である細井平州を米沢に呼び、復興した藩校・興譲館《こうじょうかん》で講義をしてもらっています。しかも武士だけではなく、領民にもその講義を聞かせたのです。あなたたちは、何のために働くのか。働くことに、どういう意味があるのか。そういったことを『論語』の精神や儒学を例えにして、平洲はわかりやすく語りました。

当時の地方には、娯楽もろくにありませんでした。教養のある話を聞く機会もなかったでしょう。平洲が村に出向いて講義をすると、どこも満員御礼となりました。

強い意志と、さまざまな工夫によって進められた鷹山の改革――彼が行き詰った時には、次のようなことがありました。

居並ぶ重臣の前で、ふと鷹山は脇にあった煙草盆の炭に目を止めます。次の瞬間、その消えかかる残り火に向かって、鷹山は一心に息を吹きかけました。

あまりに長い時間、彼が吹いているので、近習が手を貸そうとすると、鷹山はそれを制します。そしてようやく火がおきたのを確かめると、鷹山は家臣たちにこう説明したのでした。

「消える間際の炭火でさえも、辛抱強く吹きつづければ、また強い火をおこすことができる。この国（藩）と民も同じではないか。生まれ変われない道理があるか。わが胸には、瑞々《みずみず》しい希望がよみがえっている。私はこの炎を、消す気はない」

その信念に貫かれた藩政改革は、見事に成し遂げられました。

鷹山が七十二歳で亡くなった翌年には、借金はほぼ返済され、さらに軍用金として五千両の蓄えまであったのです。

知識ゼロから洋学を学んだ佐久間象山の勉強法

強い使命感が勉強をつづける原動力となったのは、幕末の兵学者である佐久間象山も同じでした。

第四章でも触れましたが、象山は幕末における〝知の巨人〟のような存在でした。なにしろ、一つを極めるだけでも難しい国学、漢学、蘭学――この三つの学問で彼は、天下に並ぶ者がいない、と言われるまでになったのですから、極めて優秀だったことが知れます。

その象山の使命感とは何だったのか、彼の歩みと共に紹介しましょう。

佐久間象山は、文化八年（一八一一）、信州松代《まつしろ》藩の下士に生まれました。幼い頃より秀でた学才によって、その存在は注目されていました。

天保四年（一八三三）、象山は江戸に出て、儒学者の佐藤一斎の門に儒学を学びます。当時、日本一とも称されていた佐藤の門下生は俊才揃いでしたが、その中でも象山はすぐに頭角を現しました。

前出の「日本のケインズ」と呼ばれた山田方谷とともに、佐藤門下における〝佐門の二傑〟と呼ばれるほどでした。

儒学につづき、国学を学んだ象山は、二十九歳で江戸に「五柳精舎」という私塾を開きます。

すると、一年ほどで、儒学者として「江戸名家一覧表」に名を連ねるほど、認められる存在に成長しました。

もはや、国学でも儒学でも、大家として後世に名を残すレベルに到達していたのです。象山自身も、そのことを自覚していました。

ところが、思いがけないことが起きます。主君であった松代藩主・真田幸貫《ゆきつら》が老中となり、「海防掛《かいぼうがかり》」に任命されたのです。海防掛とは文字通り、欧米列強の日本侵攻に備えて、海岸の防衛を担当する職務です。信州（現・長野県）の出身である藩主に、海防の知識は皆無だったでしょう。そこで、藩士の中ですでに江戸で名声を轟かせていた象山に、その補佐役のお鉢が回ってきました。

クセが強く、年長者に対しても自説を曲げない象山は、藩にいる頃から周りとのトラブルが多く、その度に庇ってくれたのが藩主の幸貫でした。その幸貫からの頼みですから、無論、象山は断ることができません。なんと彼は一から海防＝西洋流砲術の勉強を始めたのでした。

象山には蘭学の素養がありません。本来なら、西洋流砲術を日本で最初に組み立てた、大家の高島秋帆《たかしましゅうはん》から、象山は直々に学びたかったでしょう。しかし、おり悪くその時期、秋帆は政争に巻き込まれて投獄されていました。

そこで、秋帆の一番弟子である、江川太郎左衛門に、象山は弟子入りをします。が、伊豆韮山（現・静岡県伊豆の国市）の代官であった太郎左衛門は多忙を極めており、象山につききりで教えることはできませんでした。

国学や漢学では一流の象山も、洋学については初心者です。基礎をくり返し教わりますが、そのペースが彼には甚だ遅く感じられ、象山は焦り、苛立《いらだ》ちます。

彼には何年もかけて、ゆっくりと学んでいる余裕がありませんでした。藩主はすでに海防掛として日々、欧米列強の外圧に追われていたのですから。自分も、短期間で西洋流砲術を学ばなければ、主君の役には立てません。

にもかかわらず、江川の教えるスピードはゆっくりであり、それが変わる様子もありません。

ついに我慢できなくなった象山は、半年で太郎左衛門の許を去りました。

オランダ語の個人レッスンを受けた

この時、すでに象山は三十四歳になっていました。当時の感覚でいえば、学問を一からするには、決して若くはありません。象山は頭を切り替えました。オランダ語さえわかるようになれば、あとは自分で書物を取り寄せて、独学で学べばいい。ならば、言葉の理解度を上げることに集中しよう。漢学も、基礎の部分を覚えるまでは大変だが、そこをマスターすればその後は早かった。まずは、オランダの単語が読めるようになれば十分だ——。

そこで象山は、蘭方医の坪井信道《つぼいしんどう》に相談し、その門人の黒川良安《くろかわりょうあん》を紹介してもらいます。

この黒川となんと象山は、「交換授業」を約束したのでした。黒川にオランダ語の個人レッスンを頼んだのです。彼から蘭学を教えてもらう代わりに、象山は漢学を彼に伝授する、という条件を出したのでした。

アー・ベー・セーというオランダ語のイロハから入り、象山は八ヵ月あまりで原書を何とか読めるまでになりました。

その後は、辞書を読み込み、百科全書を研究し、ついには砲術書を読んだだけで、大砲の試作にまで漕ぎ着けます。必死に勉強したおかげで、象山は洋学においても日本有数の知識を誇るようになったのです。

そして、「砲術については江川太郎左衛門か、佐久間象山か」と、かつての師匠と並び称されるほどに名声を高めました。

その後、四十一歳の象山が西洋流砲術の塾を開くと、勝海舟、坂本龍馬、吉田松陰、橋本左内、河井継之助といった、その後の幕末から明治にかけて日本をリードする人物たちが、続々と入門し、象山から教えを受けたのです。

象山が蘭学をものにできたのは、国学や漢学を修めていたからでした。オランダ語の概念やニュアンスは理解し得ても、それをどんな日本語に置き換えられるか、までは考えつかない人々がたくさんいました。

しかし象山は、国学、漢学の知識を持っており、百科事典並みの豊富なボキャブラリーを蓄えていました。このオランダ語は、こんな日本語に置き換えればいい、と即座に解釈ができたのです。

例えば、加農砲《カノン》（cannon）を「地砲」、榴弾砲《りゅうだん》（howitzer）を「人砲」、迫撃砲・臼砲（mortar）を「天砲」と、自ら命名して使っていました。

こうした強みを活かして、蘭学をマスターした象山。一から学ぶという困難なプロセスでしたが、恩のある藩主からの頼みということで、強い使命感をもって学びつづけた象山は、ついにその恩に報いたのでした。

商船学校で学んだ軍人・東郷平八郎

明治三十七年（一九〇四）に起きた日露戦争で、日本軍の勝利を決定づけたと言われる日本海海戦――その海戦でロシアの最強と呼ばれた「バルチック艦隊」を撃滅したのが、薩摩藩出身の軍人・東郷平八郎でした。

俗にいう〝T字戦法〟で、日本海軍の連合艦隊を自在に動かし、集中砲火によって、敵艦を次々に沈めました。

当時、連合艦隊は日本各地の常備艦隊を集めた非常時の特別艦隊でした。そんな、いわば臨時に集結した集団を、思い通りに動かすのは簡単なことではありませんでした。

将兵たちから人望のあった、東郷だからこそできた面もありますが、それ以上に彼が操船の技術や知識に長けていたことも大きかったように思います。

では、彼はその技術をどのようにして身につけたのでしょうか。

東郷もまた、日本の海軍を強くしなければならない、という強い使命感のもと、懸命に勉強をつづけた一人でした。

海軍士官になった東郷は、明治四年（一八七一）から同十一年（一八七八）までの七年間、イギリスに留学します。世界一のイギリス海軍に学ぼうとしたのでした。

ところが、当時のイギリスは日本を格下だと考えていたため、東郷を王立のダートマス海軍兵学校に入学させてはくれませんでした。

その代わりに、なんと軍人の東郷を商船学校に入学させたのでした。

それでも東郷はふてくされたり、逃げたりしませんでした。自分の専門は海軍だから、商船学校ではろくに学べない、などという言い訳もしませんでした。

むしろ東郷は、商船学校に入って可能な限りの勉強をしました。

船を動かす原理原則や、海に関する知識は、軍艦でも商船でも共通するものがあります。決して、身につけた知識はムダにはならない、と彼は考えたのでした。


東郷は、将来の自分は日本の海軍にどう貢献できるのかを考えて、限られた環境の中でベストを尽くし、学べることに全力で取り組みました。

その結果、彼は商船学校で非常に優秀な成績を修めます。

そしてのちに、日本海軍の中で、彼ほど操船技術を理解している人間はいない、とまで言われるようになったのです。

与えられた場所で、最大限の努力をする——。

とかく人は不平・不満を言いがちですが、それは東郷のような使命感や志がないからかもしれません。


ちなみに、日露戦争までの海軍は幕末・維新を生き抜いた、もと志士たちが健在で、バランス感覚のある組織でした。ところが、その後は観念論の陸軍に引っ張られる形で、無謀な太平洋戦争に突っ込んでいきます。

その背景には、明治二十一年（一八八八）に海軍兵学校を東京の築地から、広島の江田島《えだじま》に移転させたことも影響していたと思われます。

築地にあった頃は、東京大学の先生など名だたる教師が、各界から選抜されて兵学校へ教えに来ました。

ところが、東京のような華やかな場所は将兵の教育にそぐわない、として広島に移転。その後は、場所柄もあり、わざわざ東京から教えに来る人もなく、教える人が〝海軍〟に限られるようになりました。

現代のように移動手段が発達していませんから、どうしても近場で教師を調達するしかなかったのです。

その結果、先輩（軍人）が後輩（軍人）を教える形になっていきましたが、これだとどうしても視野が狭くなってしまいます。

私はこうしたことも、海軍の組織の硬直化を招き、無謀な戦争に突入し、敗戦国となったことにつながったのではないか、と考えています。

教育の大切さ、学びの重要さが、わかっていただけるでしょうか。

西洋の政治・軍事・技術を学んだ島津斉彬

薩摩藩の藩主・島津斉彬《しまづなりあきら》は、幕末に活躍した大名の中でも、群を抜いて優秀な人物でした。なにしろ、人を褒めないことで有名な越前福井藩主・松平春嶽と、幕臣の勝海舟が、ともに「英明第一」「偉い人だった」と手放しで、斉彬のことを認めたほどです。

斉彬はいわゆる、万能の人でした。強弓を引くことができ、槍の腕も一流。馬術は八歳から始めて、成人する時には名人級の腕前でした。

習字は御家流の名筆で、和歌も見事に詠むし、狩野派の画も素晴らしい。そのほか茶の湯、能、鼓、謡曲、活花など、何でもござれで上達しなかったものがない、というほどでした。

それだけ優秀であれば、学ぶこと、勉強も楽しかったはずです。

しかし、斉彬が終生、学びつづけることができたのは、彼が強い問題意識を持っていたからでした。いくら優秀でも、何のために勉強するのかが明確でないと、学びは長つづきしないでしょう。

では、斉彬の問題意識とは何だったのか。順を追って紹介していきます。

島津斉彬は、文化六年（一八〇九）、薩摩藩の藩主の世継ぎとして生まれました。当時は、曾祖父である八代藩主・重豪《しげひで》が存命で、聡明な斉彬は重豪に可愛がられたようです。

この島津重豪は、わずか十一歳で藩主となり、その後およそ七十年にわたって薩摩藩の実権を握っていました。

しかも彼の娘は、十一代将軍・徳川家斉《いえなり》の夫人となっていたため、重豪は幕府からも、一目置かれる存在でした。

その重豪は、〝蘭癖《らんぺき》大名〟と呼ばれるほど、西洋文化に興味を示しました。財を注ぎこんで、手当たり次第に西洋の知識を求めました。西洋文明を薩摩藩に取り入れるために、莫大な設備投資もしています。

演武館、天文館、薬草園、物産工芸試験場などの建物が建設され、さらには地図や図鑑などを取り寄せ、そうしたものの翻訳・編纂にも資金を惜しみなく投入しました。

当時は鎖国制度でしたから、本来なら西洋文化を採り入れることなどは許されない話です。しかし、将軍の岳父である重豪の権勢を恐れた幕閣は、見てみぬふりをしました。

新規事業への資金投入は膨れ上がり、重豪の死後に薩摩藩に遺されたのは、天文学的な――およそ返済不可能な――多額の借金でした。その額、およそ五百万両といわれています。

石高七十七万石の薩摩藩が、年間でひねり出せるお金は、約十五万両ですから、とても返済できる額ではありません。

この借財を薩摩藩がどう返済したかは、本稿の主旨ではないので割愛しますが、簡単に記せば、密貿易などの非合法な手段も用いて、何とか帳尻を合わせることに成功したのです。

斉彬は、この蘭癖の曾祖父から影響を受けていました。ただ、重豪の場合は、自らの興味を満たすために、西洋の文化や知識に大金を注ぎ込んで藩の財政を危うくしたため、斉彬はその二の舞はしない、と決めていました。

新知識を得るのなら、投資した分の見返りがなければいけない、と斉彬は考えました。彼は欧米列強の政治システムを学びます。あるいは大砲、製鉄、軍艦など軍備に関する知識を、強く求めました。国産の黒船を生み出すために反射炉を作って、製鉄から手掛けたりしました。

さらに、薩摩藩に電信を導入しています。最終的には、江戸まで電信をつなぐことを考えていたようです。

斉彬は、西洋の進んだ文明を採り入れるため、熱心に勉強しました。しかし、多くの薩摩藩士の頭には、重豪の悪夢が生々しく残っていました。

いくら藩にとって、将来は実益が生まれると言っても、多額のお金がかかるわけですから、斉彬も〝西洋かぶれ〟になって、藩政を危うくするのではないか、と危惧されたのでした。

アヘン戦争でなぜ清国が敗れたかを学ぶ

藩士の心配をよそに、斉彬が西洋文明の勉強をつづけられたのは、彼が強い問題意識を持っていたからです。

実は、あまり知られていませんが、文久三年（一八六三）に勃発した、イギリスと薩摩藩との戦闘「薩英戦争」の三十九年前に、薩摩藩は異国からの攻撃を受けたことがあったのです。俗にいう、「宝島事件《たからじま》」と呼ばれるものです。

宝島とは、薩摩半島の南、現在のトカラ列島にある有人島では、最南端に位置する島です。

その薩摩領内の宝島に、異国の捕鯨船が接岸してきたのです。イギリスの船でした。船員が島に上がってくると、「食料として牛を寄越せ」と島民に要求してきました。

これに対して、薩摩藩はすぐさま対応します。非常事態であれば、野菜や水の提供はできるが、牛は農民の財産だから渡せないと断ったのです。しかしイギリスは、引き下がりません。

双方が主張を譲らないため、ついには銃撃戦に発展。薩摩藩士も火縄銃で防戦しました。イギリス側にも犠牲者が出る、激しい戦闘でした。結果的には、イギリス人に島の牛を強奪されて、そのまま海上を逃げられてしまいました。

薩摩藩としては、忘れられない屈辱的な事件です。そんな経緯もあり、斉彬は海防に対する問題意識を強く持っていたのです。

彼はペリー来航の以前から、琉球藩を仲介して外国から黒船を買おう、と動いていました。琉球には、欧州から来ていたフランス人宣教師がいたからです。

彼を通して、薩摩藩ではまずいので、琉球で軍艦を購入できないかを打診。もしフランスと取引をするなら、まずは琉球を開国しよう、という構想も斉彬は持っていました。

また、イギリスと中国の清国との間で起きたアヘン戦争（一八四〇～一八四二年）について、斉彬は情報を集め、清国敗戦のプロセスを懸命に学んでいました。

清の司令官だった林則徐《りんそくじょ》は、延べにして八十八万人の軍隊（陸軍だけで）を持っていながら、延べにしてたった二万人のイギリス軍に負けてしまいました。

林則徐は敗戦の原因を知るために、魏源《ぎげん》という歴史家に分析を依頼します。林則徐は途中で左遷されてしまいますが、その後も、魏源は多くの世界地理の資料を集めて、『海国図志《かいこくずし》』という本を完成させました。

しかし、魏源が仕上げた論文を、当時の清の人々はほとんど読んでいませんでした。清国の模範的な愛弟子ともいうべき李氏朝鮮も同断。それを斉彬は取り寄せて、一生懸命に読み、学んだのでした。

西洋の政治システムを勉強していた彼は、清国が負けた原因は、封建制度そのものにあることを見抜きました。

国が一つになって戦えば、八十八万人の軍勢は有効に動かすことができます。しかし、封建制度では各州に兵力は分散し、それぞれの地域を領主が治める制度では、州や省が国となり、国全体の力を結集するという意識が希薄となっていました。

だから、一つの州が攻撃されても、ほかの州は兵を出して助けに来ないのです。州が違えば、そこは他国と同じ扱いで考えていたからでした。

実際、日本でも薩英戦争や、馬関戦争（文久三年・一八六四　長州藩とイギリス・

フランス・オランダ・アメリカ連合軍の戦い）でも、近隣他藩は助けに来てくれませんでした。

同じ日本国の領土が攻撃されていると考えず、これは薩摩藩や長州藩の問題で、自分たちとは無関係だ、と近隣諸藩は考えたからです。

このままでは、日本は清国のように植民地化されてしまう。薩摩藩の海防を考え、西洋文明を勉強していた斉彬は、一刻も早く日本を中央集権国家にすることが必要だ、と考えました。

斉彬の思いは、彼の早すぎる死後（五十歳で急逝）、斉彬が期待し、目をかけていた西郷隆盛によって実現されました。

問題意識を持ちつづけ、学びつづけた斉彬の姿は、コロナ禍の中、転換期を迎えている現在の日本にも大変参考になるはずです。

ハンデを跳ね返してアメリカで成功した野口英世

勉強をつづける最大のモチベーションは、ハングリー精神かもしれません。最近はあまり聞かれなくなった言葉ですが、原点に立ち戻るという意味で、ハングリー精神に溢れた野口英世の例を紹介しましょう。

野口英世は明治九年（一八七六）、現在の福島県耶麻《やま》郡猪苗城《いなわしろ》町に生まれています。彼は三歳の時に、誤って囲炉裏に落ちて、左手を火傷。指が固まってしまい、四本は自由に動きませんでした。

英世の夢は、小学校の先生になることでしたが、当時の小学校教師の必須条件には、鉄棒運動が入っていました。生徒に逆上がりなどを教えるためですが、片手が不自由な英世には難しい条件でした。

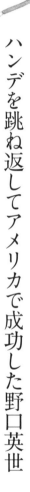

英世は落ち込みますが、周囲の大人から「おまえは頭がいい。記憶力が抜群だから、医者になったらどうだ」と勧められます。

そこで、十七歳の英世は、地元の病院の書生になりました。昼間、病院の雑務をこなした後は、夜中まで医学書を読み、独学で英語も学びました。

自分に残された道は医者しかない、と思い定めて猛勉強し、野口は大学に行っていないにもかかわらず、二十二歳の時に国家試験を前期、翌年には後期と、ともに一度で合格しています。これは医学生でも、なかなかできることではありませんでした。

夢を叶え、医師になった英世は、順天堂病院で勤務を始めました。

しかし、実際に働いてみると、左手の障害や、内向的な性格の自分には、診療は不向きだと感じます。

とはいえ、せっかく身につけた医学の知識は活かしたい。それなら人と向き合う仕事ではなく、研究の仕事が向いているのではないか、と英世は考えました。

そこで彼は伝手を頼って、北《きた》里《さと》柴《しば》三郎《さぶろう》が所長を務める伝染病研究所に移りました。

ところが、せっかく入った研究所は、東大出身者でなければ出世できない世界でした。どれだけ頑張っても、学歴のない野口が出世することは難しい……。

またも彼は、挫折を味わいました。そして、このまま日本にいたらダメだ、と悟った英世は、逃げるようにアメリカに渡ります。

でも、アメリカに就職のアテがあったわけではありませんでした。藁にもすがる思いで訪ねたのは、ペンシルバニア大学のフレクスナー教授です。

彼には一度だけ、面識がありました。とはいえ、フレクスナー教授が来日した際、通訳をつとめたという程度でした。あるいは教授が「アメリカに来ることがあったら、訪ねてきなさい」と口にしたかもしれませんが……。

危険な仕事なのにウェイトレスより給料が安い

英世は、彼の社交辞令にすがり、頭を下げて「何でもしますから、ここに置いてください」とフレクスナー教授に頼み込みました。

困ったフレクスナーは、「では、毒蛇から毒を抽出する仕事ならありますが、やりますか」と尋ねました。これは危険極まりない仕事でした。

研究所内で飼育している毒蛇を棒で刺激し、吐き出した毒を試験管に集める。そうやって採取した蛇毒を、研究するのです。

しかも、そこまで危険を冒して得られる給料は、ウェイトレスよりも安いものでした。フレクスナーからすれば、英世を追い返す、ていのよい口実だったのかもしれません。

ところが彼は、「やります！」と即答しました。アメリカで生きていくために、蛇毒の研究に従事することを決めたのです。

この国では研究の成果さえ出せば、日本人であろうと認められます。しかも、蛇毒の研究をやりたがる人間が少ないということは、それだけ自分が成功するチャンスがある、ということです。

英世は採取した蛇毒を分析し、徹底的に追究しました。昼夜を問わず、研究をつづける彼の姿を見た同僚たちは、「日本人は眠らないのか」と恐れたといいます。

そして、蛇毒の研究で成果を出した英世は、アメリカのロックフェラー財団に移り、その主任研究員までのし上がったのです。

その後、梅毒の研究、黄熱病の研究などで、計三度のノーベル医学賞の候補となりながら第一次世界大戦のため、ノーベル賞は手にすることができなかったものの、活躍をつづけた野口英世は昭和三年（一九二八）五月、アフリカのアクラ（現・ガーナの首都）にて、この世を去りました。享年五十三。

このままで終わってたまるか、というハングリー精神で学びつづけた生涯でした。

幸せになるために勉強すると唱えた石田梅岩

さて、いよいよ本書の勉強法もこれで最後となります。

最後に紹介する人物は、これまでと少し毛色が違っています。その人自身の勉強法というよりも、皆さんがこれから再び学びを始める際に、心のよりどころとなる考え方を、紹介したいと思います。

それは、江戸時代の思想家・石田梅岩《ばいがん》が唱えた「石門心学《せきもんしんがく》」です。

梅岩については、なじみのない人も多いかと思います。江戸時代の中期に生きた梅岩は、「生きにくい世の中を、どうすれば楽しく過ごすことができるだろうか」と考えつづけ、四十歳にして〝心学〟に到達した人物です。

「自分に正直に生きなさい。そうすれば、心が豊かになります」

梅岩はこの考え方に至ると、四十五歳からその考えを周囲に説いて回りました。

「自分に正直に生きる」なんて改めて言われなくても、「令和」を生きている私たちには、当たり前に受け取れる言葉でしょう。

社会や会社、学校など、周囲の価値観ではなく、自分自身に正直に生きることが幸せである、と思う人は多いはずです。

しかし、梅岩がこの考え方にたどり着いたのは、江戸時代でした。

この時代の封建制度においては、「家」が人生の中心でした。自分がもし死んでも、家が残ればよし、とする価値観で、人々は生きていました。

もちろん、「自由」などという概念はありませんし、自分の生まれた場所から離れることにさえ制約がありました。

そんな世の中で、梅岩は社会になじめず、違和感を抱きながら人生を送っていました。そして、今でいう契約社員として約二十年の間、呉服店で働きました。その間、心を病んだ時期もありました。

そんな梅岩が試行錯誤のうえ、幸せに生きるための〝心学〟に到達したのです。

家も、社会も関係ない。

他人ばかりを気にして生きていては、幸せになれるわけがない。

なぜなら、人生の中心は自分だからです。

何が正しいのか、何を軸に生きればいいのかわからなくなったら、まずは自分を中心に、正直に考えればいい、と梅岩は主張しました。

自分の心の声に、正直に耳を傾けてみる。本当に楽しく、自分が幸せだと感じることを思い切りやればいい。もしその結果、周りの人も喜ばせることができたのなら、なおよいと彼は言うのです。

勉強もまた然りです。

あなたが取り組んでいる、もしくはこれから取り組もうとしているものは、本当にやりたい勉強ですか？

将来性があるからとか、いま流行っているからなど、他人の価値観で決めたものではありませんか？　自分が本当にやりたいと思える勉強でなければ、自分の幸せにはは結びつきません。

こうした考え方＝〝心学〟を生み出した梅岩の、人生を振り返ってみましょう。

周りとコミュニケーションがとれない

石田梅岩は貞享二年（一六八五）、丹波国桑田郡（現・京都府亀岡市）の農家に、次男として生まれました。家を継ぐのは長男なので、当時の次男以下は奉公に出て、商人として生活していくのが一般的でした。

梅岩も十一歳（八歳とも）の時に、京の呉服屋で丁稚奉公を始めました。ところが、彼は周囲となじめずに十五歳でドロップアウトしてしまいます。挫折して、実家に戻ってきたのです。

現代であれば、ニートかひきこもりになったかもしれませんが、当時は元気な若者が、働きもせずにご飯を食べることは、許されませんでした。

梅岩は、実家の農業を二十三歳までの八年間手伝います。当時の元服《げんぷく》（成人）は十五歳ぐらいですから、二十三歳は江戸時代では完全に一人前の年齢です。

しかし、梅岩は農業を一生やるつもりはありませんでした。

そこで再び京へ出て、前回とは別の呉服屋に勤めます。通常は十代前半から商人の修行が始まるので、二十三歳の梅岩は「中年奉公」と呼ばれる年齢でした。

完全に通常の出世コースから外れており、梅岩は契約社員のような立場で働きました。いくら頑張っても、番頭より上には上がれない立場です。

ただでさえコミュニケーション能力に難のある梅岩は、立場の差もあって、周囲とうまくやっていけません。

周りから蔑まれているのもわかり、屈辱的だったのでしょう。彼には将来の展望は、何も開けていませんでした。

一時期、梅岩は「御師《おんし》さん」という、神社を案内する仕事を目指した時期がありました。

お伊勢参りに行く人々のツアーコンダクター的な職業で、現代の感覚で言えば、華やかなタレントに憧れるようなものでした。しかし、元来、生真面目で人と接するのが苦手な梅岩には、到底、無理な世界でした。

八方塞がりに感じた梅岩は、とうとう精神を病んでしまいます。

この時、勤務先の商店の主人の母親が、梅岩を心配して、「気を発散してきなさい」と遊興費を渡してくれました。気分転換に、「遊里で遊んで来い」というのです。女の人たちと遊ぶのは、最初は楽しく感じました。しかし梅岩は、真面目な性格ゆえに悩み始めます。

これは本当に、自分が心から楽しめることなのだろうか……。しょせん、お店《たな》が出してくれたお金を使って、遊んでいるだけで、これでは心から楽しめない。

そう思った梅岩は、それまでに蓄えていたお金や、身の回りのものを全部処分して、店に借りたお金を返済したのです。楽しみとは、欲望や快楽だけではない、と梅岩はこの時に思ったのでした。

質素倹約と勤労勤勉は、矛盾する概念ではないか

その後、三十歳を超えた頃に梅岩は、心機一転、やり直そうとします。

当時、世の中では「商人悪人説」が言われていました。商人は、農民や大工のようにモノを作るわけでもなく、右にあるモノを左に動かすだけでお金を儲けている、とんでもないヤツらだというのです。

自分も商人の端くれ、悪人とは何たる言われようだ、と悔しい思いをした梅岩は、それに反論するために勉強を始めました。

用事を言いつけられ、外出する時は書物を懐《ふところ》に忍ばせていきました。待ち時間など、少しでも時間があれば本を読みました。朝も早起きし、夜も朋輩が寝静まってから本を読みつづけたといいます。

梅岩は、商人が悪く言われるのは、金儲けばかりで道徳的な部分がないからではないか、と考えました。

とはいえ、道徳が尊ばれる当時の世の中には、明らかに矛盾がありました。という

のも、幕府は質素倹約を推奨しています。しかし、その一方では勤労勤勉であれ、とも説いていました。

これは矛盾する話です。勤労勤勉に働けば、モノは余剰にたくさんできます。その分を売れば、いつもよりも儲かるでしょう。結果的に豊かになるのですから。しかし、一方で質素倹約な生活をせよ、と言われては相反してしまいます。

勤労勤勉に働いて、どんどん消費するのか。

それとも、質素倹約のために生産性を落とすのか。本来は、二者択一であるべきものが……。

梅岩はこの両立という命題を考えつづけ、四十五歳の頃にようやく有効な考えに至りました。

彼がいきついたのは、〝信〟です。当時の主たる教養である儒学では、〝仁・義・礼・智・信〟という〝五常〟の徳目が教えられていました。

ところが日本の為政者は、信を除く、〝仁・義・礼・智〟までの四常しか実は推奨していませんでした。

なぜなら、封建制度の価値観では、信は為政者にとって重視する必要がなかったからです。領民は、領主を信じるも信じないもなく、無条件に従うものだと、と考えられていたからです。

しかし梅岩は、この〝信〟にこそ価値がある、と注目しました。

なぜならば、信用・信頼こそが、商売においては何よりも大切だからです。あの店の商品の品質は、確かで間違いないから買おう、と客が店を信じなければ、取引は成立しません。

そして信を得るには、正直であらねばなりません。

それは相手に対してというよりも、まずは自分自身に正直になる必要があります。やりたくもない仕事に、いい加減な気持ちで取り組んでいて、人から信頼されるわけがないからです。

いかに自分の仕事に対して正直に、誇りを持って取り組んでいるか、が問われます。見えないところにまでこだわり、いい加減な仕事をするのは恥だ、という感覚を持つ——。

これが梅岩が考えた、〝心学〟でした。

自分を高める勉強に楽しく打ち込む

日本の職人の世界を、イメージすればわかりやすいかもしれません。一流の職人は、お客には違いがわからないような細部も、時間をかけて丁寧に仕上げます。このひと手間は、たとえ客に気づかれなくてもかまわないのです。相手にサービスを気づかせて喜んでもらおうと、対価を求めるものではありません。

自分自身のために仕事に手を抜かず、納得するまで手間をかけるのです。その意識で日々、仕事に励めば、結果として自分も磨かれていくわけです。

そして、自分自身を高めるために働くのなら、「質素倹約」と「勤労勤勉」の両方が成り立つという考えです。

今、一日に十個売れている商品を、二十個に増やすことだけが勤労勤勉とはかぎりません。

たとえ、売れる数は十個で変わらずとも、さらに手をかけて商品を清潔に保ち、サービスを工夫することで、自分は磨かれていくと考えればいいのです。

収入は増えなくても、自分は成長し、心は豊かになっていく――。

こう考えることで、勤労勤勉に働くことと質素倹約は両立すると梅岩は考えました。

梅岩は、〝心のあり方〟を人々に説いて回りました。

だから、彼自身も講義をする際、聴衆の多寡にかかわらず、一生懸命に話します。

弟子一人しか席にいない時でも、全力で話しました。仕事に真摯《しんし》に取り組むこと自体が、自分の向上につながると考えていたからです。

勉強も同じではないでしょうか。誰かのためとか、将来の生活を保証するためとか、収入を増やすためなどの目的で、不本意な勉強に取り組むのはあまりおすすめできません。

自分に正直に生きるのです。そのためにこそ、心から自分を高められると信じられる勉強に、楽しく打ち込んでください。

明るい未来が開けます。

梅岩は私たちに、「自分のための、自分の人生を生きればいい」と教えてくれているのだと、私は考えます。

【著者略歴】
加来耕三（かく・こうぞう）
歴史家・作家。1958年大阪市生まれ。奈良大学文学部史学科卒業後、同大学文学部研究員を経て、現在は大学・企業の講師をつとめながら、独自の史観にもとづく著作活動を行っている。『歴史研究』編集委員。内外情勢調査会講師。中小企業大学校講師。政経懇話会講師。主な著書に『心をつかむ文章は日本史に学べ』『日本史に学ぶ一流の気くばり』『「気」の使い方』『歴史の失敗学』『紙幣の日本史』など多数。テレビ・ラジオの番組の監修・出演も多い。

日本史《にほんし》に学《まな》ぶ成功者《せいこうしゃ》たちの勉強法《べんきょうほう》

2021年 1月 1日 初版発行

発行 **株式会社クロスメディア・パブリッシング**
発行者 小早川幸一郎
〒151-0051 東京都渋谷区千駄ヶ谷4-20-3 東栄神宮外苑ビル
http://www.cm-publishing.co.jp
■本の内容に関するお問い合わせ先 …………………… TEL (03)5413-3140 ／ FAX (03)5413-3141

発売 **株式会社インプレス**
〒101-0051 東京都千代田区神田神保町一丁目105番地
■乱丁本・落丁本などのお問い合わせ先 ……………… TEL (03)6837-5016 ／ FAX (03)6837-5023
service@impress.co.jp
（受付時間 10:00～12:00、13:00～17:00 土日・祝日を除く）
※古書店で購入されたものについてはお取り替えできません

■書店／販売店のご注文窓口
株式会社インプレス 受注センター …………………… TEL (048)449-8040 ／ FAX (048)449-8041
株式会社インプレス 出版営業部 ………………………………………… TEL (03)6837-4635

カバー・本文デザイン 金澤浩二
DTP 鳥越浩太郎
印刷 株式会社文昇堂／中央精版印刷株式会社

カバー・本文イラスト ホセ・フランキー
本文構成 佐野裕
製本 誠製本株式会社
ISBN 978-4-295-40487-3 C2034